04

Avvistamenti

Sightings

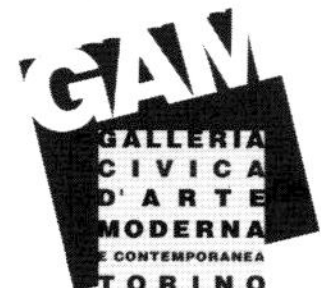

AVVISTAMENTI SIGHTINGS 1999-2001
10 mostre d'arte contemporanea ~ 10 contemporary art exhibitions

BEAT STREULI

PORTRAITS 98-00 La bella estate

9 settembre - 5 novembre 2000

GAM - Galleria Civica d'Arte Moderna e Contemporanea
via Magenta 31, Torino

<table>
<tr><td>

CITTÀ DI TORINO

Sindaco
Valentino Castellani

Assessore alla Cultura
Ugo Perone

Divisione Servizi Culturali
Direttore
Fausto Sorba
Dirigente Settore Musei Civici
Daniele Lupo Jalla
Dirigente Settore Beni Culturali e
Mostre
Carlo Viano

</td><td>

GAM
ISTITUZIONE DEL COMUNE DI TORINO

Consiglio d'Amministrazione
Presidente
Giovanna Cattaneo Incisa
Consiglieri
Giovanni Ferrero
Fulvio Gianaria

Direttore
Pier Giovanni Castagnoli

Dirigente di Raccolta d'Arte
Moderna
Riccardo Passoni

Conservatore
Virginia Bertone

Comitato Scientifico
Jean-Christophe Ammann
Christian Bernard
Maria Mimita Lamberti

Ufficio Mostre
Gregorio Mazzonis
Marcella Pralormo
Oriella Benvenuti

Segreteria di Direzione
Silvana Gennuso
Daniela Matteu

Segreteria tecnica
Corrado Gregoris

Amministrazione
Teresa Caruso
Patrizia Capobianco
Maria Carla Morone
Carla Rosso

Sezione didattica
Flavia Barbaro

Ufficio Stampa
Marcella Pralormo
Daniela Matteu

</td><td>

MOSTRA

a cura di
Alessandra Pace

Coordinamento
Gregorio Mazzonis

Progetto
Beat Streuli

Allestimento
Attitudine e Forma

Ideazione grafica
Elio Vigna Design

SI RINGRAZIANO
Hauser & Wirth & Presenhuber,
Zürich. Ornella Di Viesto. Fotolito
FB Bianchini, Torino. Roberto Di
Pasquale. Antonio Zaccone. Lucio
Annunziata. Lorenzo Rasello

L'artista ringrazia in modo
particolare
The artist especially thanks:
Galleria Civica d'Arte Moderna e
Contemporanea, Torino. Pier
Giovanni Castagnoli. Alessandra
Pace. Gregorio Mazzonis. Ornella
Di Viesto. Museum of
Contemporary Art, Chicago. Staci
Boris. Susan Anderson. Al-Mamal
Art Foundation, East Jerusalem.
Jack Persekian. Sadie Chandler. in
situ, Biennale d'art contemporain,
Enghien. Catherine Grout. Letizia
Le Fur. Yamaguchi Prefecture
Museum, Yamaguchi. Yumiko Chiba
Associates, Tokyo. Toshiko Okazaki
e tutte le persone fotografate/and
all the people photographed

La mostra è stata realizzata con il
contributo di

</td><td>

CATALOGO

Testi
Roberta Valtorta
Alessandra Pace

Ideazione grafica e impaginazione
hopefulmonster
Beat Streuli

Copertina
Elio Vigna Design

Traduzioni
Consuelo Galvani
Marcia Wallace

Crediti fotografici
Paolo Pellion
Axel Schneider
James Isberner
Beat Streuli

Fotolito
Fotolito FB, Torino

Stampa
Tipografia Torinese, Grugliasco (To)
con la collaborazione di Grazia
Gennari

Edizione
hopefulmonster
via Santa Chiara 30
10122 Torino
tel. +39.011.4367197
fax +39.011.4369025

</td></tr>
</table>

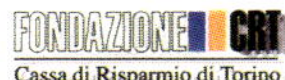

ISBN 88-7757-118-7
Printed in Italy

cover:
Chicago July, 99, 1999-2000
Torino 00, 2000

Beat Streuli

PORTRAITS 98-00

La bella estate

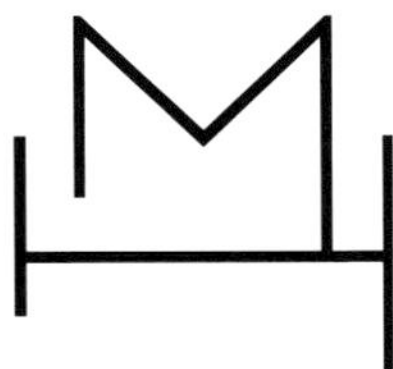

hopefulmonster

Indice

Index

6   PORTRAITS 98-00
La bella estate

17   La folla come corpo. La fotografia muta di Beat Streuli
Roberta Valtorta

25   The crowd as body. The silent photography of Beat Streuli
Roberta Valtorta

109   Un'intervista con Beat Streuli
Alessandra Pace

115   An interview with Beat Streuli
Alessandra Pace

120   Biografia
Biography

122   Bibibliografia
Bibliography

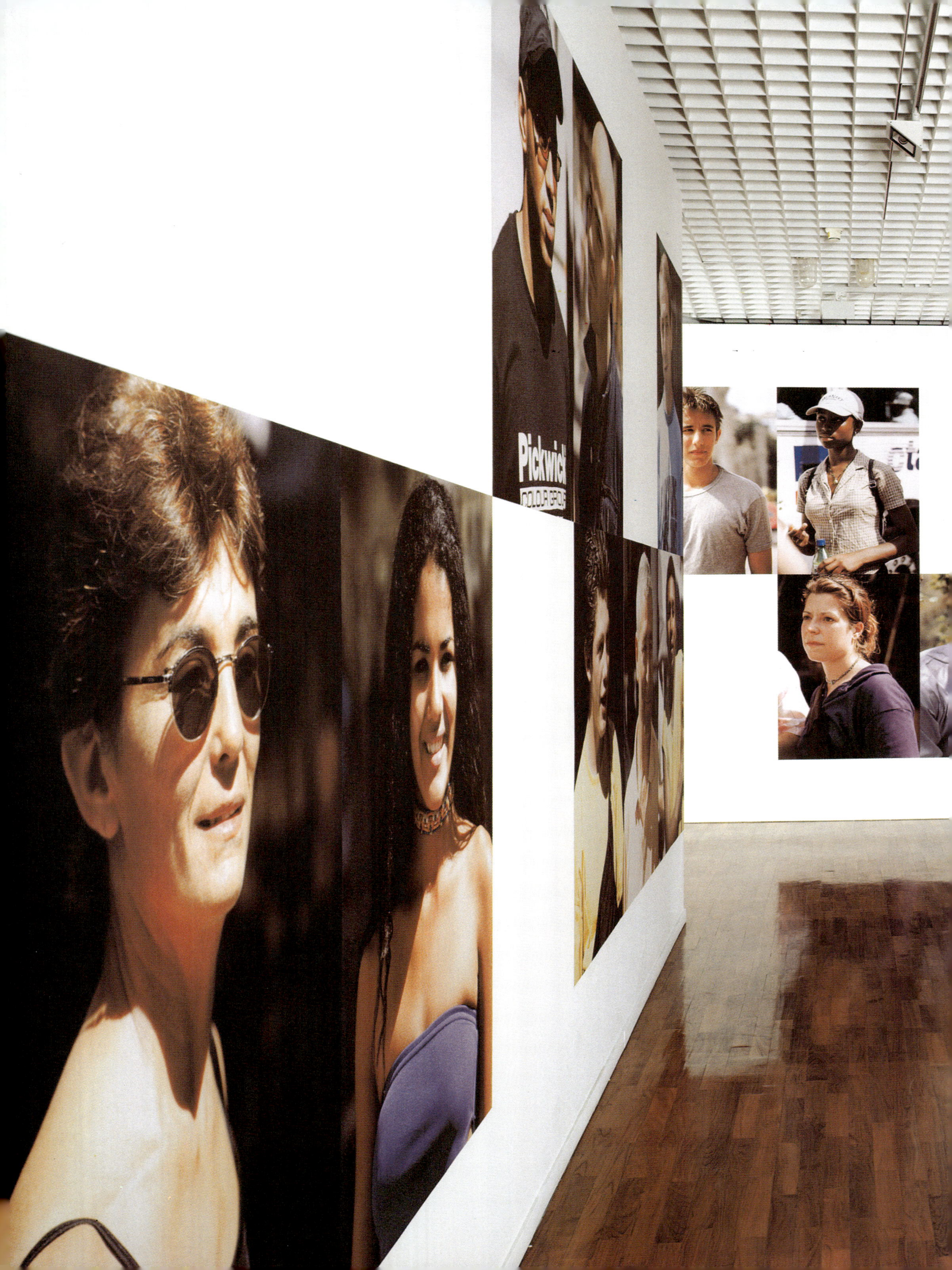

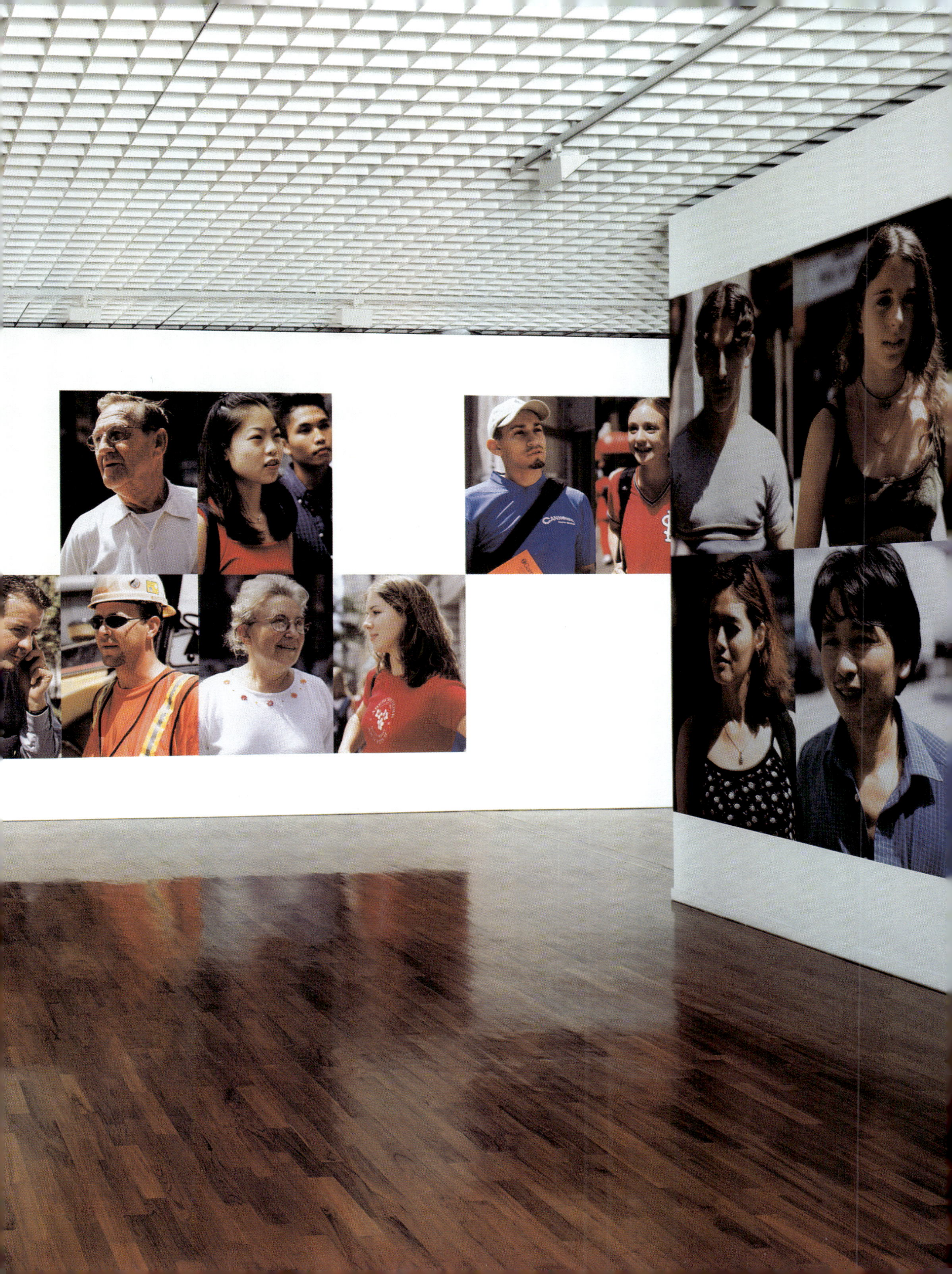

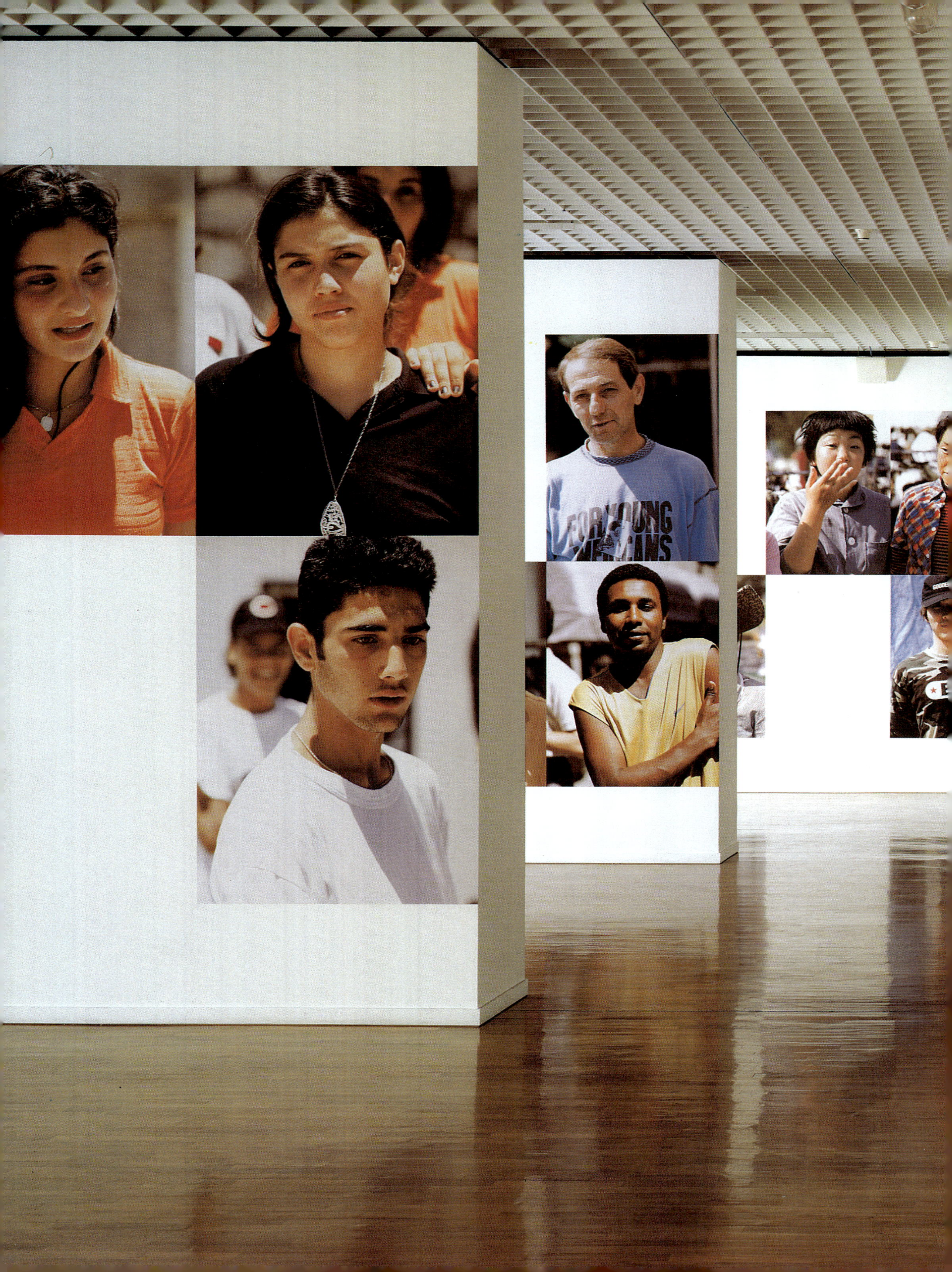

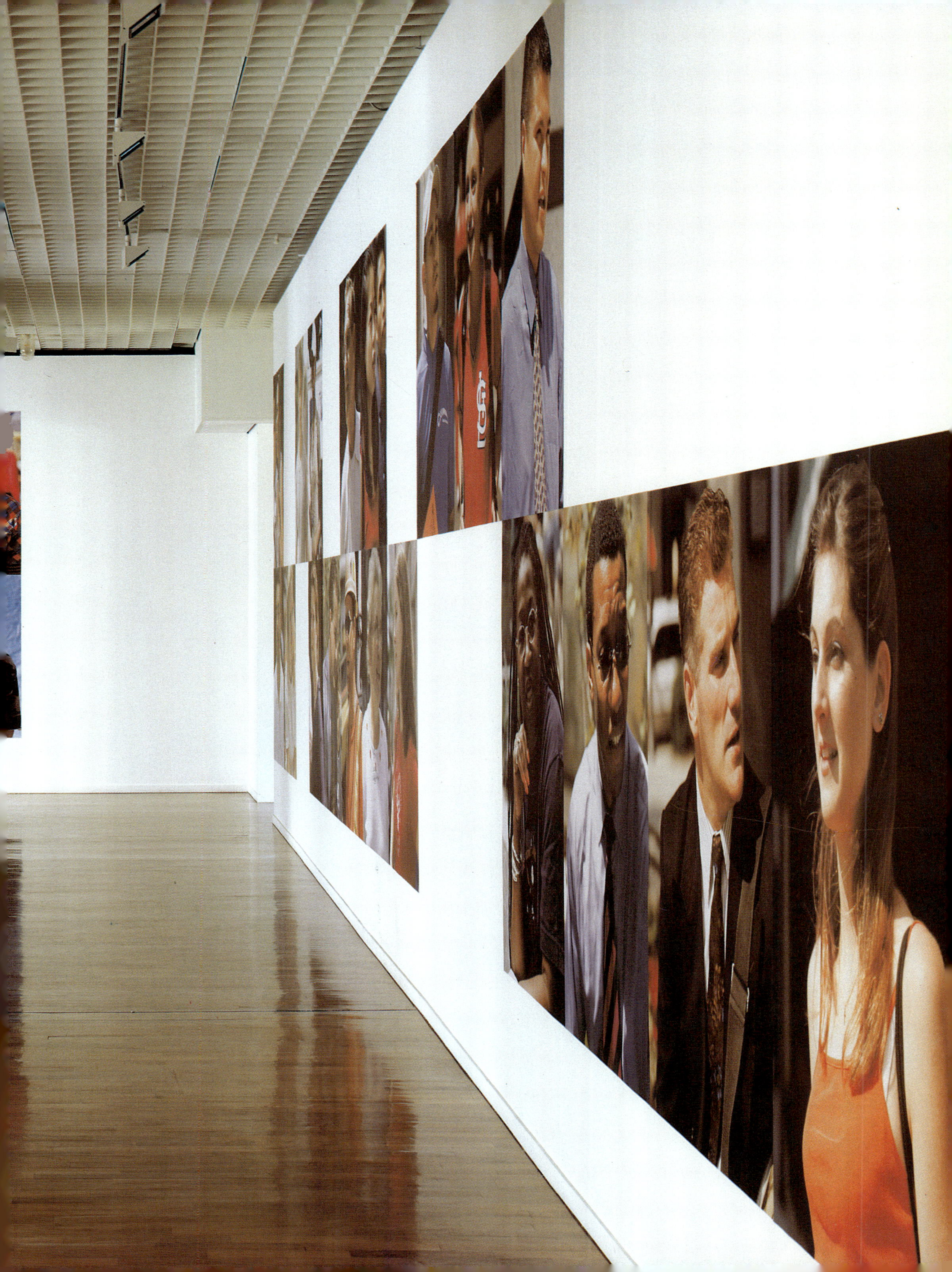

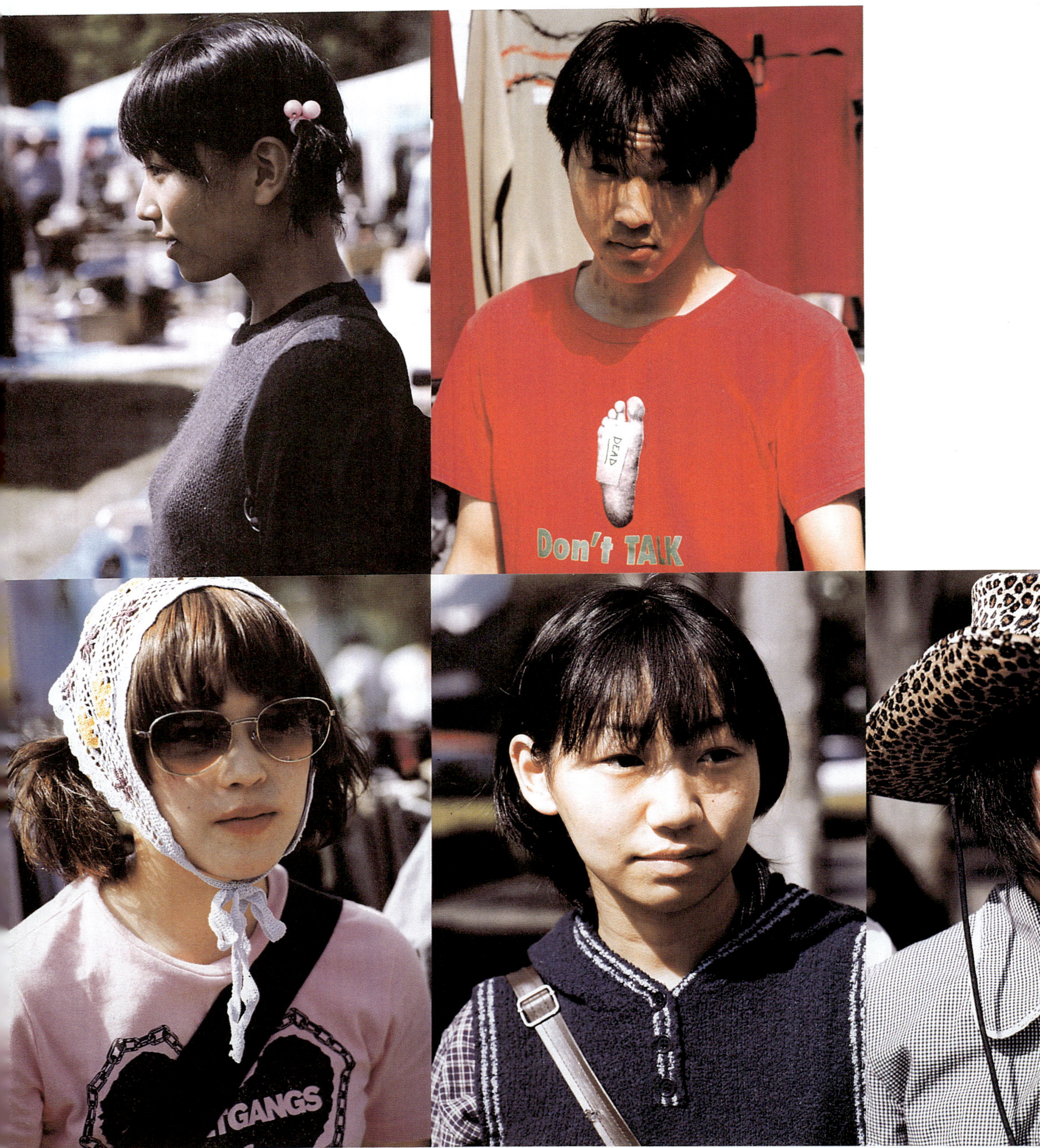
DEAD
Don't TALK
GANGS

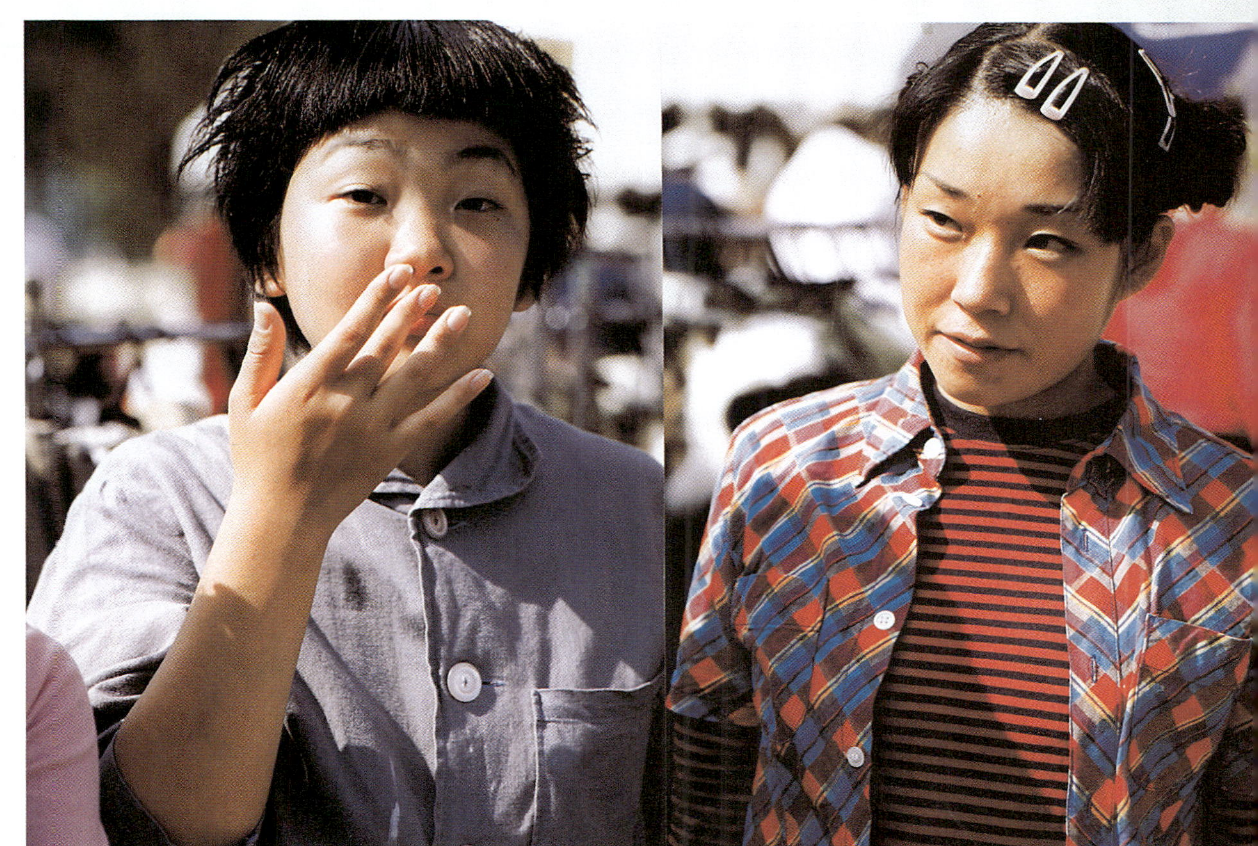
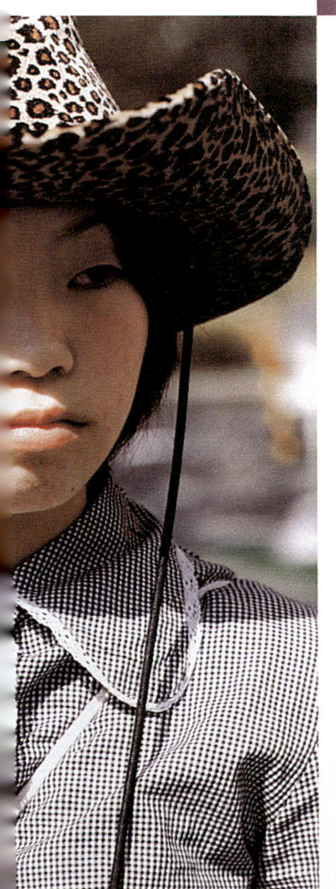
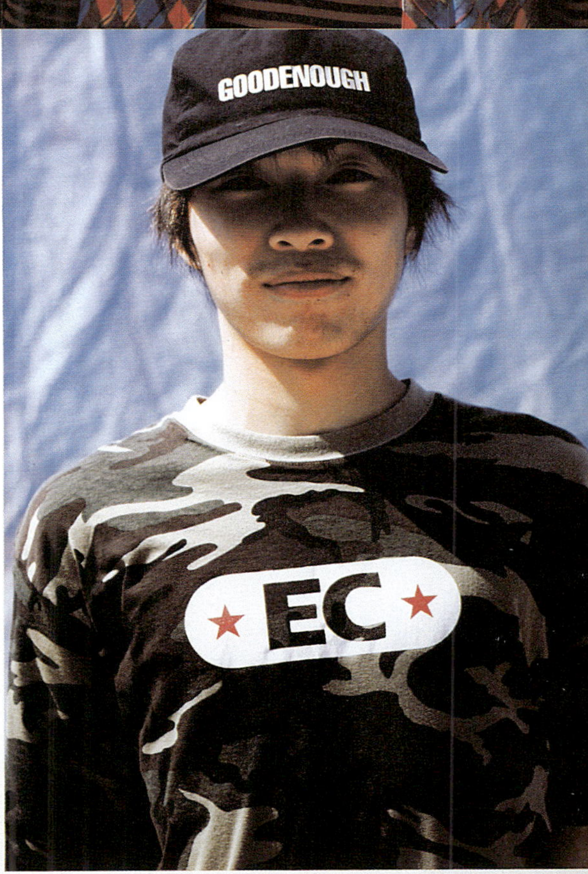
GOODENOUGH
★ EC ★

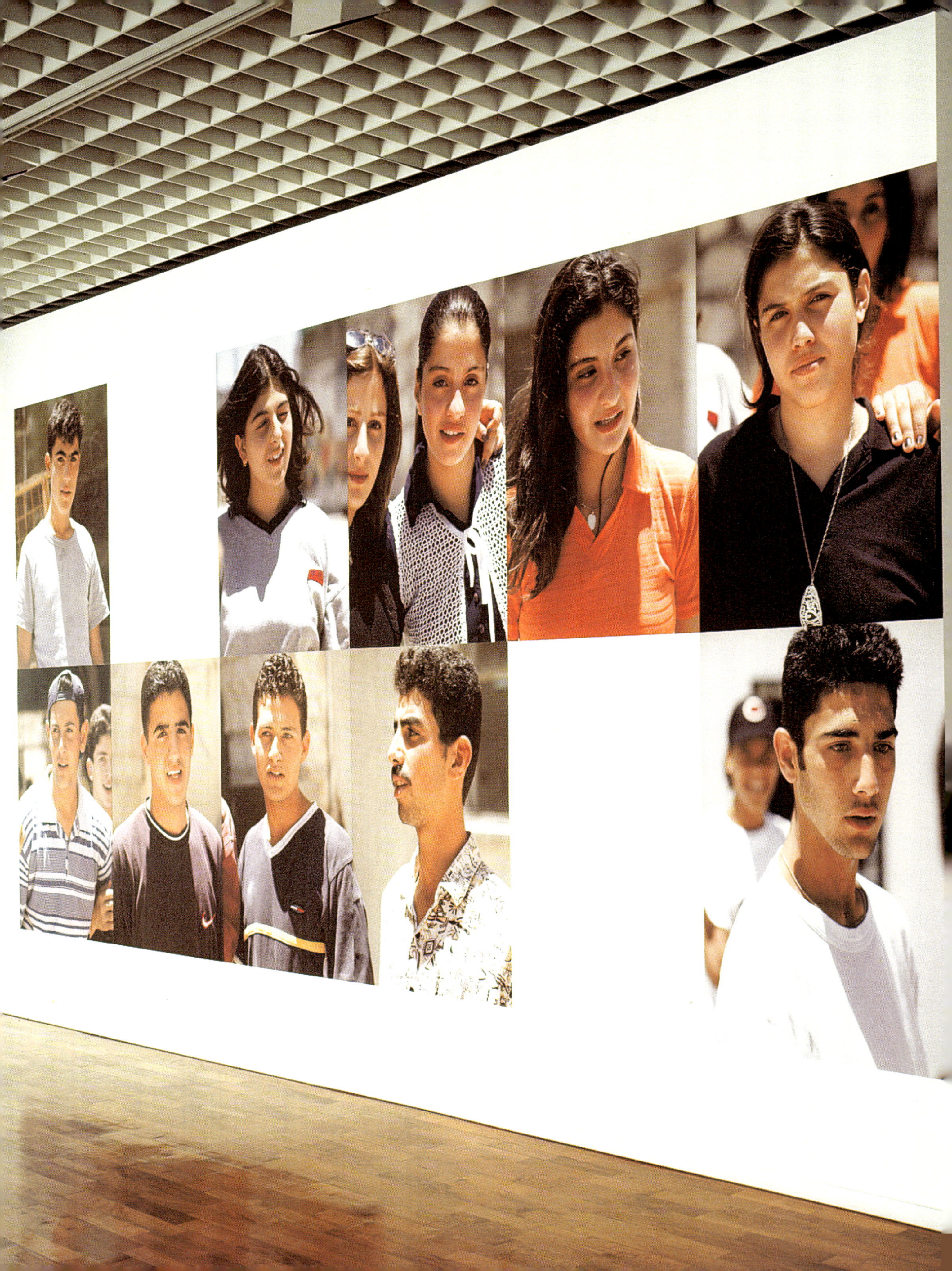

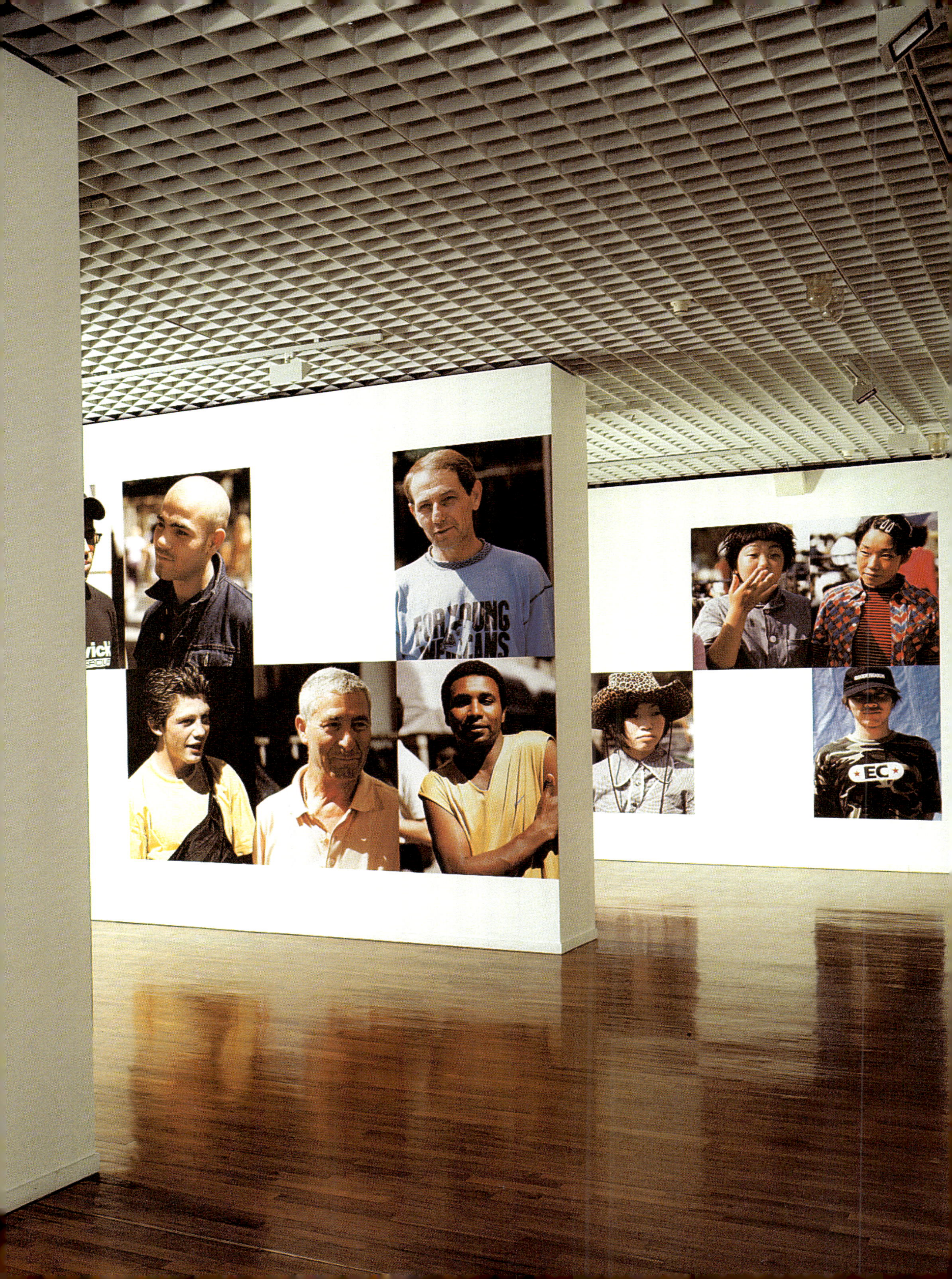

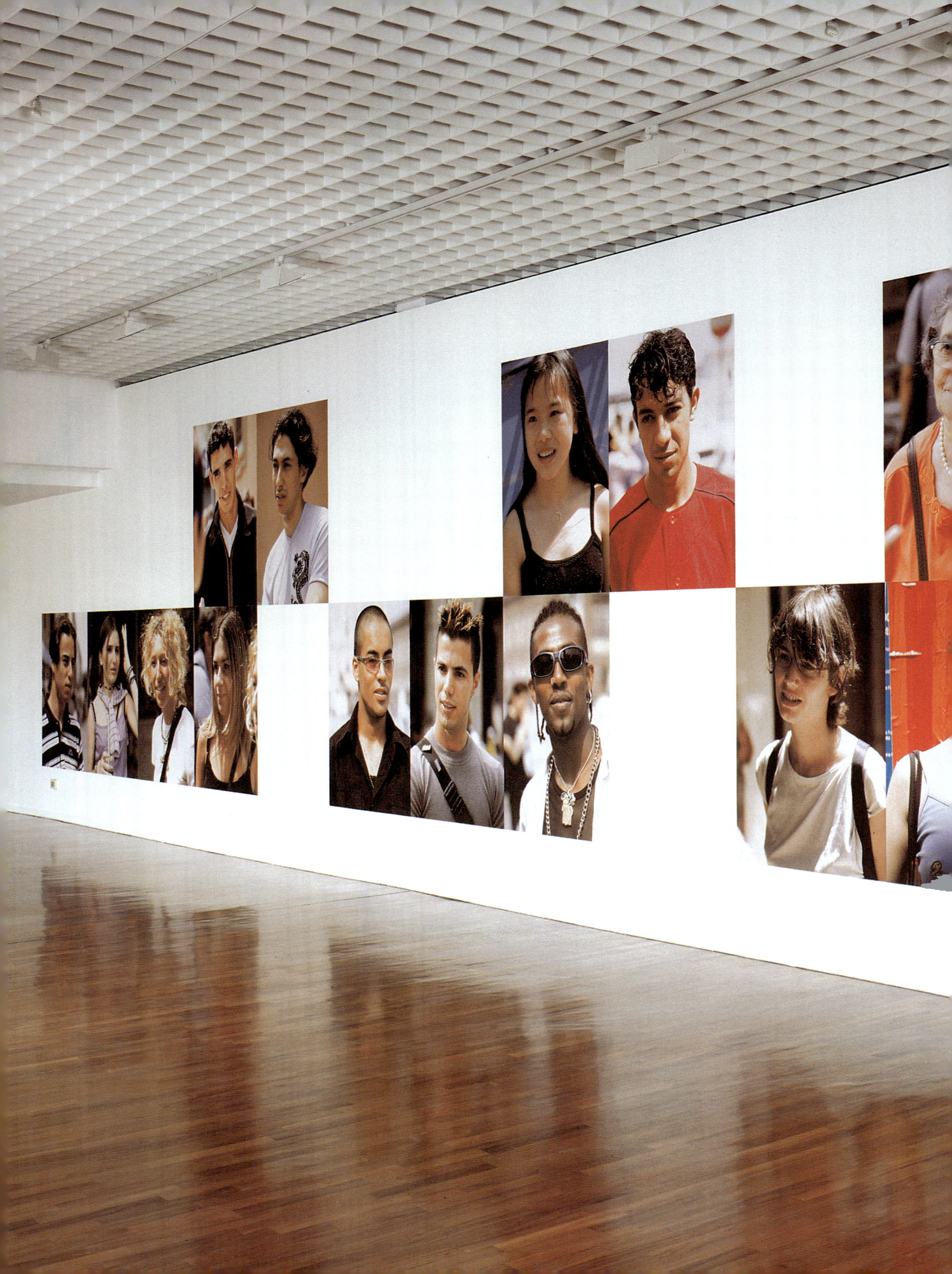

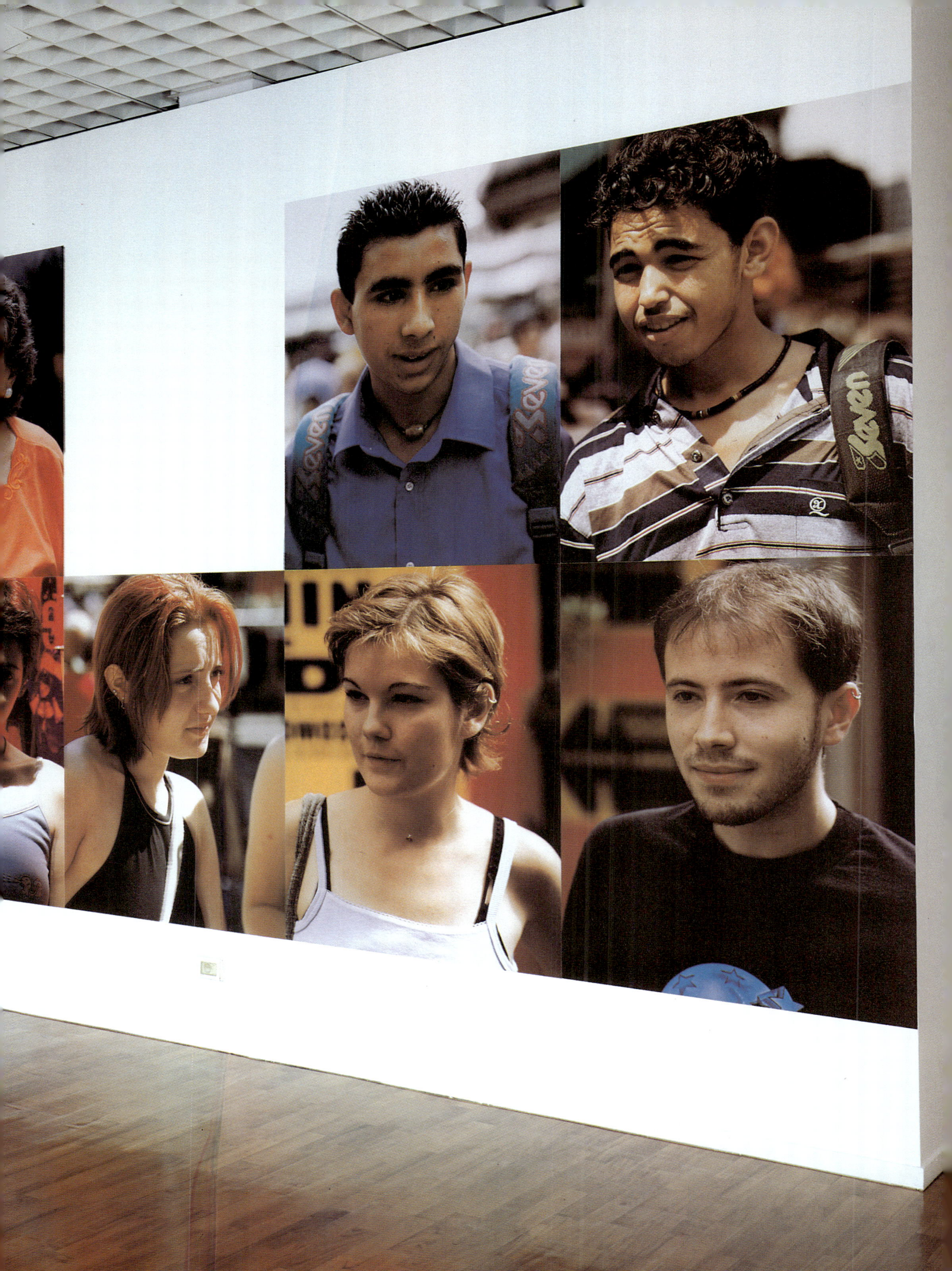

Veduta della mostra/Exhibition view
Portraits 98-00 La bella estate, GAM, Torino, 2000
sul fondo/on background: *Chicago July 99*, 1999-2000
18 stampe a colori a getto d'inchiostro/18 color ink-jet prints
148 x 107 cm ciascuna/each

Veduta della mostra/Exhibition view

Yamaguchi 10-4-98, 1999-2000
11 stampe a colori a getto d'inchiostro/11 color ink-jet prints
148 x 107 cm ciascuna/each

Veduta della mostra/Exhibition view
Portraits 98-00 La bella estate, GAM, Torino, 2000
a sinistra particolare di/on left side part of *East-Jerusalem*, 1999-2000
10 stampe a colori a getto d'inchiostro/10 color ink-jet prints
148 x 107 cm ciascuna/each

Torino 00, 2000
19 stampe a colori a getto d'inchiostro/19 color ink-jet prints
148 x 107 cm ciascuna/each

Opere prodotte per la GAM/Works produced for GAM

La folla come corpo. La fotografia muta di Beat Streuli
Roberta Valtorta

L'ambiente in cui viviamo è questo: man mano che le immagini tecnologiche si moltiplicano, si potenziano nelle loro costruzioni espressive, diventano sempre più perfette nella loro evidenza, nei loro conquistati "linguaggi", man mano che la loro onnipresenza nella grande comunicazione contemporanea destinata al consumo diviene uno stato di fatto, si può dire un vizio, esse divengono sempre più insignificanti. Proprio perché sottoposte sistematicamente a una sorta di significazione forzata, costrette a esibire una rappresentazione ostentata, sempre "esteticamente" dinamica – per molti aspetti abusiva –, esse subiscono il destino triste di perdere di senso, o meglio, vengono private di destino. Scivolano sui mondi che raccontano a possedere, infine, la banalità, la falsa felicità. Molto spesso, l'operatore che le realizza è solo un parassita, consapevole o ignaro, di realtà che non conosce, volti o paesaggi, culture o accadimenti che non lo riguardano. Non avendo nulla a che fare con essi, li riprende, li trasforma in immagini appunto, ma non li vede. Come sappiamo, coloro i quali fruiscono di queste immagini forzate lo fanno a loro volta nella stessa distaccata e confusa maniera di chi le ha riprese. Si tratta di un complicato circolo vizioso, molto difficile da rompere, che costituisce probabilmente un vero e proprio sbandamento di civiltà.

Vi sono stati e vi sono artisti che impiegando esattamente l'immagine tecnologica, dunque quella stessa che è protagonista della grande comunicazione, cercano di tenere le distanze e di sottrarsi a questo circolo vizioso attraverso una sorta di azzeramento della rappresentazione e una riduzione dei mezzi e degli effetti dell'immagine. L'orizzonte al quale essi paiono guardare è il silenzio, e insieme il recupero della facoltà di attenzione dello spettatore. Sotto certi aspetti, l'arte può essere considerata una tecnica di affinamento dell'attenzione[1]. Ma se lo scopo dell'artista può essere stato molto a lungo quello di individuare sempre nuovi oggetti d'attenzione, tale traguardo è diventato nell'arco del Novecento sempre più problematico fino a rivelarsi, oggi, impossibile, poiché con il compiersi della civiltà industriale e con gli sviluppi della successiva fase postindustriale l'arte ha visto la facoltà stessa di attenzione cadere in crisi, come consumata (già Walter Benjamin scriveva della fruizione "distratta" da parte dello spettatore cinematografico[2]). Oggi, arrivati a un massimo di saturazione di linguaggi e di caduta di attenzione, un'arte "semplificata", ripulita dalle scorie di una comunicazione forzata, "diminuita" e in un certo senso liberata dagli eccessi di linguaggio, potrebbe forse venire in soccorso. Questa ipotesi potrebbe in ogni caso costituire un'ulteriore eventuale utopia, se mai vi fosse ancora posto per un'utopia. Ma se il mondo della grande comunicazione facesse suoi velocemente e mirabilmente come sempre ha fatto anche i modi di questo tipo di arte che mira al silenzio e rifiuta l'espressione forzata, significherebbe che i codici del consumo e i codici dell'arte giungerebbero a sovrapporsi del tutto in una perfetta coincidenza.

L'opera insistente, netta, di Beat Streuli si colloca in questo punto di espansione e al tempo stesso di crisi della comunicazione – e di necessità di silenzio dell'arte, un silenzio che però non sappiamo dove potrà portare.

Il modo in cui egli impiega la fotografia ignora sistematicamente comportamenti e scelte tipiche di un uso "espressivo" dell'immagine tecnologica quali l'esibizione di linguaggio, l'illusione del raggiungimento di diletto o della creazione di conoscenza, la messa in scena del racconto, il possesso delle qualità formali dell'immagine,

•1 Di questi problemi scrive Susan Sontag nel 1967 in "L'estetica del silenzio" pubblicato in: Susan Sontag, *Stili di volontà radicale*, Mondadori, Milano 1999; ed. or. *Styles of Radical Will*, Farrar, Straus and Giroux, New York 1969.
•2 Walter Benjamin, "L'opera d'arte nell'epoca della sua riproducibilità tecnica", in: Walter Benjamin, *L'opera d'arte nell'epoca della sua riproducibilità tecnica*, Einaudi, Torino 1966; ed. or. "Das Kunstwerk im Zeitalter seiner technischen Reproduzierbarkeit", in: *Schriften*, Suhrkamp Verlag, Frankfurt am Main 1955.

l'esercizio del mito del rapporto fra operatore e soggetto ripreso. La sua fotografia è silenziosa, ripetitiva, quasi autistica. Potrebbe dirsi muta. Si fonda su alcune regole "rigide" che la rendono cristallina e ossessiva: la sua macchina fotografica non guarda, ma fissa, obbediente a un meccanismo, a un programma potremmo dire, di coazione. In questa fissità e in questo mutismo sta tutta la forza implosiva dell'opera di Beat Streuli. Alcune forti tecniche di comunicazione tipiche dei mass media che egli poi applica alle sue fotografie, la pongono al tempo stesso ai confini con una allucinazione che la rende totalmente e inesorabilmente contemporanea.

Anonimato, adolescenza

L'anonimato è ciò che fa la vita nella metropoli veramente diversa da ogni altro tipo di vita.
La percezione della propria unicità mescolati alla folla che non sa chi sei, senza l'eventualità di essere riconosciuti né chiamati per nome, è la condizione antropologica e psicologica interessante, crudele, che lo sviluppo industriale ci ha caricato addosso. Una sensazione di assolutezza, quasi di onnipotenza, nella quale tutto è possibile – che deriva però da una mancanza di confronto, di relazione. Questo sentimento tipico dell'uomo urbano appartiene a tutti noi, ma è feroce, delicatissimo nell'età particolare dell'adolescenza, quando ci affacciamo alla dimensione adulta: quando, letteralmente, usciamo di casa, usciamo dalla famiglia e iniziamo a maturare la nostra nascita alla società[3].
Ricordo me stessa diciassettenne, nel 1969 nelle strade di Londra. Là, ragazzetta di quegli anni, in una sorta di iniziazione mi trovavo a misurarmi con quegli spazi inediti, la metropolitana, le strade, quelle grandi folle eterogenee, mobili e indeterminate, cercando di capire chi io fossi: mi sentivo appartenere a quel grande corpo sociale, e allo stesso tempo nessuno, davvero nessuno, sapeva il mio nome, a nessuno anzi questo poteva interessare: dunque se ero io, lo ero perché io sola lo sapevo. Questa specie di segretezza mi faceva muovere in una dimensione in un certo senso astratta, molto dentro alla vita e fuori da essa contemporaneamente, poiché la mia esistenza contava moltissimo per me, ma nulla per gli altri.
Londra era più che Milano: anche qui, al di fuori del quartiere e della zona dove era il mio liceo, nessuno mi conosceva; ma a Londra potevo sicuramente permettermi un assoluto anonimato, una quasi clandestinità.
È molto probabile che sempre, ogni qual volta ci muoviamo soli nella folla della metropoli e dei grandi luoghi "totali" che essa ha sparso sul territorio, qualunque sia la nostra età, sottilmente viviamo quella stessa condizione sospesa dell'adolescenza, l'età dell'inquietudine e dell'avventura. Siamo forti e fragili insieme, soli.
Camminiamo mossi da precisi motivi, indaffarati, ma come programmati da una decisione sorda, bidimensionale, netta e per questo incompleta, che ci viene da uno stato di anonimato nel quale gli altri non sanno chi siamo, ma anche a noi, qua e là nella percezione di noi stessi, non è del tutto chiaro chi siamo. Il nostro camminare, l'andare fra gli altri, diventa fatto non più solo funzionale ma anche simbolico.

In queste carni tenere affonda il suo bisturi Beat Streuli. Egli lavora a violare l'anonimato delle persone che camminano tra la folla, che sono folla e individui

•3 Si veda: Fulvio Scaparro, Gustavo Pietropolli Charmet, *Belletà. Adolescenza temuta adolescenza sognata*, Bollati Boringhieri, Torino 1993.

insieme. Tenta un possesso delle singolarità, vuole nominarle. È lui, con la sua macchina, a tenersi invece nell'anonimato poiché, in un gioco impari, fa in modo che nessuno entri in contatto con lui mentre riprende queste figure per le strade, nessuno lo ri-conosca. Egli è, a sua volta, solo, e tremante e sfacciato come un adolescente. Si rispecchia egli stesso nella folla che ossessivamente riprende, e perde in questo modo il suo nome.

Beat Streuli intrattiene una relazione molto complessa con questa massa fatta di individui.

Da un lato, rispecchiandosi in essa in una condizione di anonimato e di solitudine, tende a farsi risucchiare e ad appartenerle, come un figlio al grande ventre di una madre al quale ritornare. Non è forse la metropoli, la meter-polis, la città-madre? Non è forse un magma, un grande corpo nel quale confondersi?

Dall'altro lato però egli opera come adulto, mettendo in atto i meccanismi che sono del padre: separare, ponendo nome alle cose. Il grande corpo visto da vicino si presenta formato di elementi diversi, di singoli corpi e volti fra i quali distinguere.

La fotografia diventa il mezzo che consente all'artista di rivivere la condizione di un adolescente che, metà figlio e metà adulto, ancora appartiene ma, anche, tenta la separazione e la nascita sociale.

E non è un caso che Streuli scelga molto spesso nella folla metropolitana proprio figure di persone giovani, specie ragazze, appartenenti a quell'età in bilico nella quale i destini non si sono ancora disegnati. Ed è anche importante sottolineare quanto significativo sia il fatto che egli prelevi dalla folla figure in movimento, mentre camminano, attraversano una strada o un parco, transitano insomma da una situazione a un'altra.

Anche quando, in alcuni diversi progetti, Beat Streuli realizza dei ritratti a persone che sanno di essere fotografate[4], egli sceglie nuovamente dei giovani, degli studenti liceali. L'artista in questo caso viene allo scoperto, dichiara la sua intenzione, chiede il permesso di fotografare: la sua macchina non è meno insistente di prima, il meccanismo che guida la ripresa è sempre quello della coazione, però un contatto di tipo "ufficiale" si va stabilendo fra lui, l'operatore, e il suo soggetto. Ma per quanto più circostanziati siano questi ritratti dichiarati rispetto a quelli ottenuti di nascosto, essi ci mettono comunque di fronte a singolarità estratte dalla massa, e dunque nuovamente estratte da un flusso, provvisorie.

Si ripetono dunque, queste figure di giovani, tutte molto simili fra loro – abiti, accessori, pettinature, espressioni e gesti del comportamento globale – e diverse e tenere invece, come in pericolo, perché scelte da un obiettivo che tenta di chiamarle per nome. In un certo senso si definiscono in singolarità proprio perché vengono indicate dalla macchina. Se non vi fosse l'intervento di questa, il loro fluire magmatico non si interromperebbe mai.

L'altro

Nel racconto *L'avventura di un fotografo*, Italo Calvino ci parla di come Antonino Paraggi, dopo aver fotografato la ragazza di cui è innamorato in mille modi e in mille momenti della vita, desideri in fondo fotografarla all'insaputa di lei: "Ma non diceva quello che soprattutto gli stava a cuore: cogliere Bice per la strada quando non

•4 Si vedano per esempio: Beat Streuli, *Retrats. Tarragona 1996*, Tinglado 2, Moll de Costa, Tarragona 1996, catalogo a cura di Chantal Grande, con un'intervista a Beat Streuli di Jorge Ribalta. Beat Streuli, *Portrait. Tarragone Copenhague 1996*, Musée d'Art Moderne de la Ville de Paris, Paris 1996, con scritti di Laurence Bossé, Ulrich Loock, Jean-Christophe Royoux.

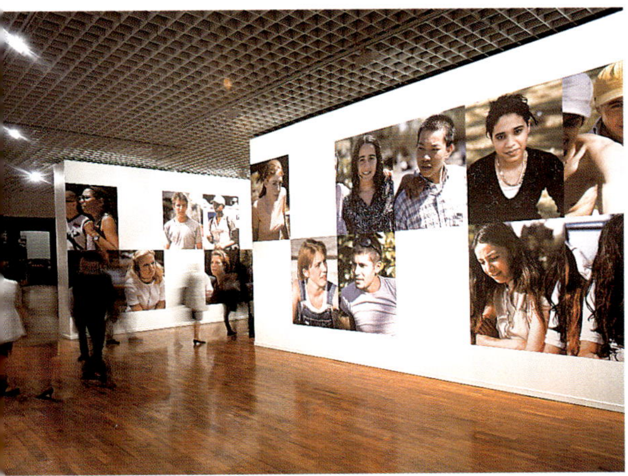

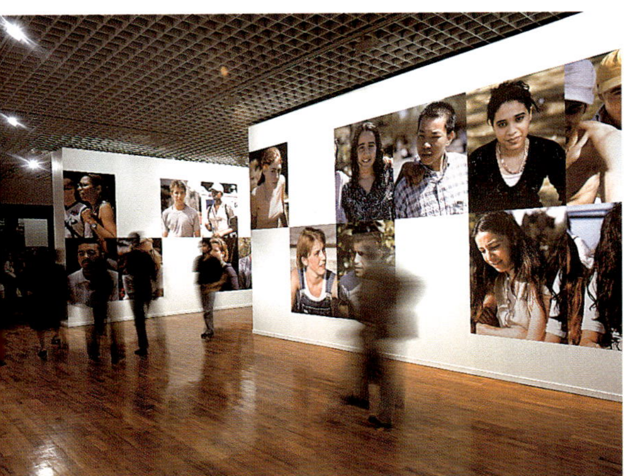

•5 Italo Calvino, "L'avventura di un fotografo" (1955), in:
Gli amori difficili, Einaudi, Torino 1970, poi Mondadori,
Milano 1993.

Veduta della mostra/Exhibition view
Portraits 98-00 La bella estate, GAM, Torino, 2000
a destra/on right *Enghien-Les-Bains*, 1998-2000
9 stampe a colori a getto d'inchiostro
9 color ink-jet prints
148 x 107 cm ciascuna/each
Opera prodotta per la GAM/Work produced for GAM

sapeva d'essere vista da lui, tenerla sotto il tiro d'obiettivi nascosti, fotografarla non solo senza farsi vedere ma senza vederla, sorprenderla com'era in assenza del suo sguardo, di qualsiasi sguardo. Non che volesse scoprire qualcosa in particolare [...]. Era una Bice invisibile che voleva possedere, una Bice assolutamente sola, una Bice la cui presenza presupponesse l'assenza di lui e di tutti gli altri"[5].

Il totale possesso dell'altro si ha se questo non sa di essere guardato, se viene colto nella sua più totale solitudine, se non indossa maschere per rispondere all'altrui presenza e all'altrui sguardo. L'altro è a questo punto completamente indifeso, denudato, minato nella sua stessa identità (questo accade anche quando si fotografa chi sta dormendo), morto, si può dire (l'atto fotografico, tante volte paragonato all'uccisione, giungerebbe in questo modo al suo compimento ultimo).

L'annullamento della tradizionale e "determinante" relazione fotografo-soggetto – una bipolarità fondante in tutta la storia della fotografia e dei suoi miti –, l'"assentarsi" del fotografo che esclude il rapporto diretto, dà il via però a un immediato fenomeno carico di conseguenze. L'altro, il soggetto prescelto, non potendosi porre in relazione dialettica con alcuno, non esiste più in quanto tale: di lui resta una traccia, una generica presenza di tipo aleatorio. Chi fotografa dunque l'operatore, se con il suo sparire ha causato la sparizione dell'altro? E se l'altro non esiste più, chi è il fotografo?

Se l'altro è, in un certo senso, il limite, l'elemento che turba l'assolutezza del nostro essere, è nel contempo la sola via d'uscita: non sappiamo mai davvero chi siamo se non ponendoci in relazione con l'altro. Dell'altro non possiamo fare a meno, pena il crollo della nostra stessa identità.

L'operazione di annientamento dell'altro e insieme di se stesso che Beat Streuli ha molte volte compiuto attraverso la lucida mediazione del mezzo fotografico (e che non cambia nella sostanza quando i soggetti sono coscienti di essere fotografati, anche solo per il fatto semplice ma per nulla banale che essi non rivolgono quasi mai lo sguardo all'obiettivo, e quando lo fanno si tratta di uno sguardo provvisorio e mai "dedicato" all'obiettivo e dunque al fotografo) è di grandissimo significato per una riflessione sulla società contemporanea e sui suoi modi di accedere agli affetti.

La scelta concettuale di Streuli affronta in pieno il tema dell'individuo-massa, seppure non in modo negativo ma, invece, leggero. Le figure che egli ci propone, assai precise nella loro labilissima presenza, sono opache, mute, vane. Sguardi, pelle, gesti, mani, capelli, forme del corpo, pur essendo talvolta attraenti sono simili a oggetti che vagano nel vuoto, nonostante siano concretamente ancorati all'ambiente urbano, esattamente toccati dalla luce, segnati da ombre talvolta sapienti. Beat Streuli le misura, le sceglie e le indica – questa, quella, l'altra più lontana, quella di spalle, questa in primo piano... –, ma queste figure non hanno destino: la loro schiacciante contemporaneità è come sospesa sul nulla. Un tratto distintivo, molto significativo, è che nelle fotografie di Beat Streuli programmaticamente non esiste cielo e non esiste terra. La figura umana viene tagliata così che testa, torso e parte delle gambe occupino con noncurante esattezza lo spazio stabilito: in alto, il lato superiore della fotografia è idealmente tangente alla testa; in basso, le gambe al di sotto del ginocchio non sono quasi mai visibili, i piedi assolutamente mai. Se si tratta del solo volto, il discorso non cambia: esso è disciplinatamente collocato nel rettangolo e lo occupa ampiamente, avendo su uno o tutti e due i lati verticali poco spazio che indica il mondo circostante.

Ma a chiarire del tutto la provvisorietà e l'opacità della condizione umana contemporanea vi sono fotografie molto importanti che Beat Streuli colloca in modo intermittente fra le figure: si tratta di frammenti di ambiente urbano fortemente strutturati, secondo una sensibilità di matrice costruttivista. Sono automobili, camion, moto, saracinesche, porte di negozi, muri, insegne, grafica pubblicitaria o urbana. Essi oppongono le loro superfici al nostro sguardo, in modo molto duro seppur elegante (una sorta di eleganza "meccanica" è un altro tratto caratteristico della fotografia di Streuli). Oggetti inanimati che funzionano da sbarramenti, da negazioni, e che ci parlano, nuovamente, dell'impenetrabilità dell'altro e di noi stessi, di chi non siamo e del silenzio. Ci dicono di una società muta, dell'autismo profondo che la pervade.

Beat Streuli è stato in grado di trasferire sulla massa, sul corpo della società, sull'ambiente urbano stesso un modo "impersonale" e automatico di fissare che indica una negazione dell'intimità (nonostante la sensazione di prossimità a volte anche imbarazzante data dall'utilizzo del teleobiettivo) e una coincidenza fatale fra privato e pubblico, individuo e società, i quali convergono fra loro non a rafforzarsi né a creare armonia o conflittualità, ma come precipitando con indifferenza reciproca e leggerezza verso un abisso.

La fotografia di Streuli è fortemente "mediata", sorretta dalla tecnologia, l'immagine si avvicina alla persona ma non la tocca, in una impossibilità di contatto con l'altro che ha a che fare con i tenaci, teneri tentativi di amore via internet. Il senso di sospensione e di perdita è tanto più forte in quanto nelle fotografie di Streuli non vi è nulla di drammatico né di "espressivo", non vi è accento "esistenziale", non vi è dolore, non vi è critica né giudizio.

La macchina, il caso

Beat Streuli si pone dunque sul versante di una fotografia che non esibisce linguaggio. Qui concettualmente l'immagine si mostra per quello che è: ciò che la macchina vede nella sua pura auto-evidenza, senza concessioni o abbellimenti. Fra le diverse possibilità di essere icona, simbolo oppure indice, di cui la fotografia si è nel tempo servita divenendo ora l'una ora l'altra cosa oppure tutte e tre insieme a gradi diversi[6] – Streuli sceglie l'indice. Le sue fotografie non "rappresentano" la realtà in virtù del potere di verosimiglianza, non impiegano modalità retoriche atte ad alludere a realtà "altre", ma semplicemente mostrano, rilevano delle situazioni esistenti che la macchina si incarica di fissare. Vi è scelta, certamente, negli scatti della macchina – non potrebbe essere diversamente –, ma questi scatti assomigliano al suo stesso modo di essere, al suo rigido respiro: una volta impostata, la macchina non può che scattare. Nell'opera di Streuli l'aspetto dell'automatismo è posto in primo piano: l'autore indietreggia e l'azione della macchina si fa avanti, ed è proprio attraverso questa strategia che il soggetto può dominare del tutto e con semplicità l'immagine. La riconsiderazione del concetto di "inconscio tecnologico" pensato da Franco Vaccari[7] appare molto utile alla comprensione del progetto di Streuli. La macchina fotografica possiede dunque un suo inconscio – che è erede di ciò che a suo tempo Walter Benjamin aveva chiamato "inconscio ottico" –, una sorta di sua interiorità che programmaticamente interviene al momento dello scatto: esso non va affatto inteso

•6 Si vedano a questo proposito: Rosalind Krauss, *Teoria e storia della fotografia*, Bruno Mondadori, Milano 1996; ed. or. *Le Photographique*, Editions Macula, Paris 1990. Philippe Dubois, *L'atto fotografico*, Edizioni Quattro Venti, Urbino 1996; ed. or. *L'acte photographique*, Editions Labor, Bruxelles 1983. Entrambi fanno riferimento a: Charles Sanders Peirce, *Collected Papers*, Cambridge, Mass., Harvard University Press, 8 volumi, 1931-1958.

•7 Franco Vaccari, *Fotografia e inconscio tecnologico*, Punto e Virgola, Modena 1979; poi Agorà, Torino 1994.

come estensione e potenziamento delle facoltà umane, ma come forza autonoma e profonda che agisce insieme o anche in vece dell'operatore nel definire l'esistenza e il senso dell'immagine. Al concetto di "inconscio tecnologico" di Vaccari appare molto vicina l'idea di "apparato" di Vilém Flusser come potente condizione strutturante l'atto fotografico stesso[8]. Entrambi gli studiosi pongono in discussione il significato dell'esistenzialistico "momento decisivo" formulato da Henri Cartier-Bresson e radicatosi molto profondamente nella cultura fotografica tradizionale di tutto il secondo Novecento. Esso vuole che il fotografo padroneggi la macchina piegandola espressivamente alla sua visione, essendo in grado di sintonizzarsi su momenti speciali all'interno del flusso del reale capaci di portare alla luce significati particolari e di costituire una solida base su cui poggiare e articolare il racconto di storie umane. È il reportage classico. Sia quello di "inconscio tecnologico" che quello di "apparato" sono nozioni appartenenti alla cultura post-industriale, che caricano di complessità l'identità della fotografia all'interno della nostra civiltà, evidenziando non più la "naturalezza" del rapporto uomo-macchina di derivazione umanistica ma, al contrario, la contraddittorietà di questo rapporto, tutto intessuto di nuovi e difficili equilibri di forza[9]. L'elemento del caso – tema dell'arte già molto presente nelle avanguardie – fa il suo ingresso proprio attraverso quella tecnologia che sembrava garantire all'artista l'assoluto controllo dell'immagine. Ora invece egli "lascia" che le forme della realtà entrino nell'opera grazie al lavoro della macchina, anche al di fuori del suo controllo di tipo linguistico-retorico.

Eleggendo la strada, la folla, la metropoli in generale (non importa affatto che essa venga identificata), il ripetersi delle figure a motivo del suo lavoro, Beat Streuli afferma a chiare lettere che nella vita contemporanea non esistono momenti decisivi, non è interessante costruire una gerarchia di importanza da applicare ai tempi e ai luoghi dell'attività umana, non vi è possibilità di raccontare né il tempo può essere sintetizzato in momenti particolari. Vi è invece una condizione di standardizzazione, di ripetizione, quasi clonazione, di situazioni che accetta soltanto un approccio di tipo seriale basato sull'addizione di frammenti. Anche quando Streuli crea dei concatenamenti di immagini attraverso il sistema della proiezione, il racconto non nasce: i momenti rimangono disgiunti e restano allo stato di frammenti. Non vi sono storie nelle sue grandi proiezioni, manca ogni tipo di accadimento, non vi è inizio e non vi è fine, come anche il forte impianto concettuale vuole. Nel flusso, le immagini vivono ciascuna della sua singolare vita statica e parallelamente tentano di congiungersi fra loro nel movimento, nel ritmo della iterazione e della variazione delle figure, ma si limitano a susseguirsi, senza arrivare mai a organizzarsi in senso narrativo.

Ciò che Streuli mostra è ciò che la macchina, essendo posta in un punto dato, vede, e la macchina – utilizzata piuttosto come cinecamera che non come macchina fotografica – vede situazioni qualunque che appartengono al regno immenso del banale e del casuale che è la nostra quotidianità. Tutto si ripete, in queste fotografie, con coerenza stringente. L'inquadratura fissa definisce uno schermo uguale per tutti sul quale tutti, come richiesto, scorrono, il punto di vista non cambia, la compressione che il teleobiettivo impone allo spazio nega la prospettiva e ogni tipo di effetto illusionistico. E tutto si svolge sulla superficie: della fotografia, dello schermo, delle cose e, parrebbe, dei sentimenti.

•8 Vilém Flusser, *Per una filosofia della fotografia*, Agorà, Torino 1987; ed. or. *Für eine Philosophie der Fotografie*, European Photography, Göttingen 1983.

•9 Su questo tema ho già scritto nella mia introduzione all'edizione di *Fotografia e inconscio tecnologico* del 1994 citata, e nel mio scritto "El reverso de las imàgenes. Azar y control en fotografia", in: *Papel Alpha*, n. 4, 1999, Ediciones Universidad de Salamanca.

Poi, il destino di queste immagini è di essere ingrandite a diventare simili a molte cose diverse – cartelloni pubblicitari stradali, manifesti incollati sul muro, figure trasparenti sulle finestre di un ambiente, immagini cioè che paiono richiamarsi al mondo della pubblicità –, oppure di essere proiettate su grandi schermi, come in una forma particolare di cinema. Nell'un caso e nell'altro si tratta di riferimenti alla grande comunicazione che si affida ai mass media. Non solo. A ben vedere anche l'aspetto di molte delle ragazze che troviamo nelle immagini di Beat Streuli è simile a quello di giovani modelle, e non solo l'aspetto, ma anche i loro movimenti, il modo di voltarsi, e lo sguardo; i frammenti d'automobile o di insegne dei negozi che troviamo sparsi qua e là nelle sequenze potrebbero sembrare frammenti di vere immagini pubblicitarie; alcune situazioni di strada potrebbero essere brevi scene di film, o di telefilm; alcuni dei ritratti in primo piano ricordano i volti di persone intervistate nel corso di un servizio del telegiornale.

Qualcosa di molto complicato è accaduto, lo sappiamo: da un lato è la gente per la strada ad assomigliare ai personaggi che abitano i mass media (e alla gente della strada che vediamo nei mass media); dall'altro questi personaggi vengono scelti e creati in modo che sembrino gente della strada, cioè gente "vera". Parte della grande comunicazione è oggi orientata a impiegare non più linguaggi forzatamente espressivi, narrativi, sensazionalistici o "messi in scena", ma modi più "moderati", più vicini alla quotidianità. Se questo è il labirinto dei comportamenti e dei codici nel quale siamo entrati, allora Beat Streuli sceglie davvero gli strumenti della comunicazione più idonei ad assecondare lo stato delle cose: la fotografia ingrandita, lo schermo, e anche il video stesso. La sua opera indossa senza timore e, anzi, con eleganza gli stessi abiti della grande comunicazione. Lavorare sulla grande scala, lavorare sulla ripresa e poi espandere l'immagine fino ad assimilarla ai modi della pubblicità, della moda, del cinema, della televisione significa da parte di Streuli parlarci con esattezza insistente e intenzionale del tipo di civiltà in cui viviamo, significa darcene un dettagliato, quasi scientifico rispecchiamento. Costringerci insomma ancora più dentro il labirinto.

Ma un dato importante va sottolineato: se è vero che l'opera di Streuli non presenta elementi di critica né di palese giudizio nei riguardi dell'azione dei mass media, d'altro canto appare evidente che essa non è in nulla sottomessa ad essi. Le grandi fotografie, le sequenze, le immagini trasparenti in proiezione e anche le immagini che Streuli ha collocato nelle strade come veri e propri manifesti sono segnate da un profondo senso di distacco, di leggerezza, di anti-funzionalità e, infine, di malinconia. È il vuoto il signore di queste immagini per molti aspetti smaterializzate e non del tutto reali pur nella loro originaria impronta documentaristica. È sull'attesa che Streuli lavora, non sul consumo, in una difficile e ossessiva ricerca di un possibile, più efficace e fisico rapporto con l'esterno, al quale egli dà la forma di un grande corpo in movimento, quello della folla metropolitana.

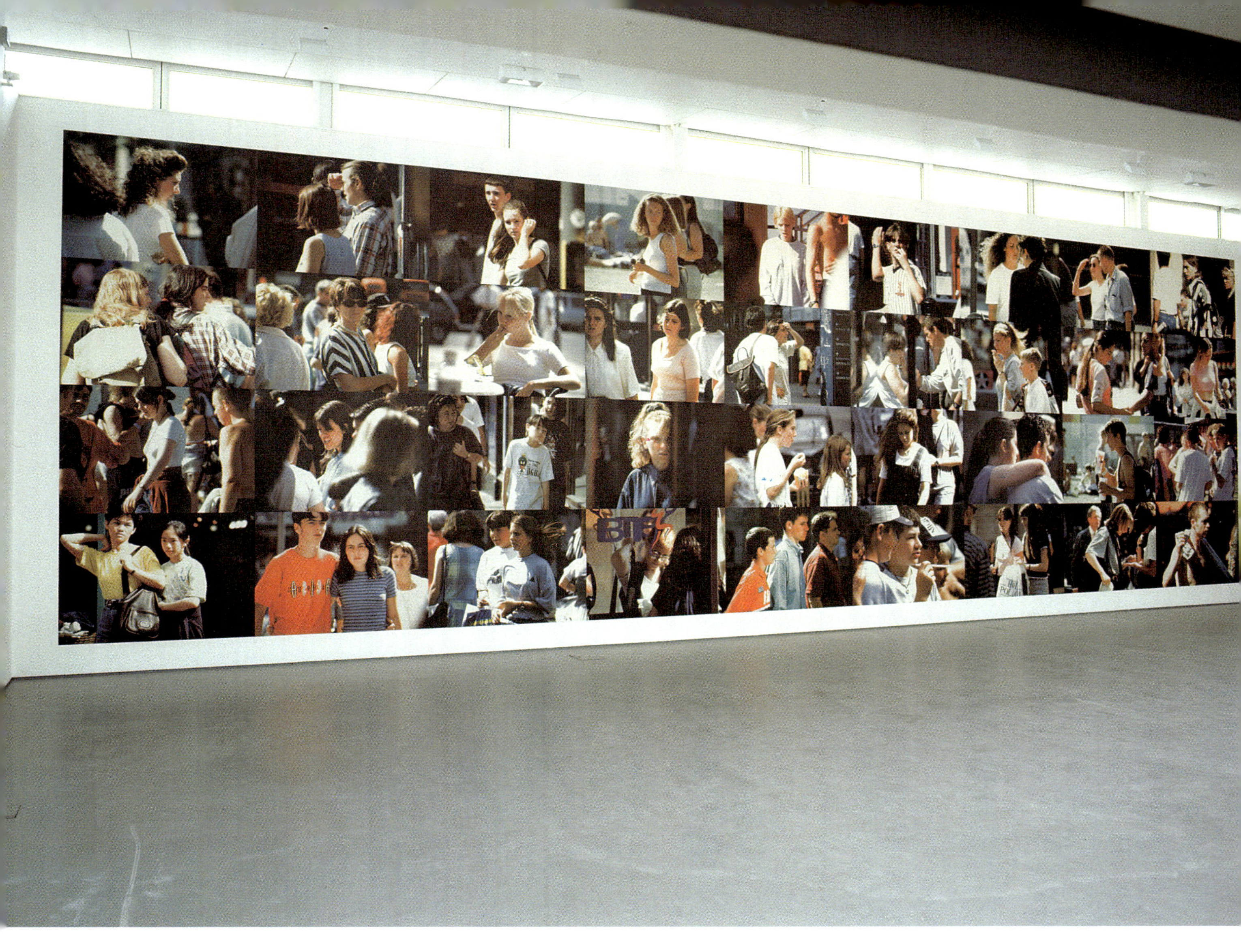

Glasgow 95, 2000
carta da parati, stampe a getto d'inchiostro/wallpaper, ink-jet prints
4 x 12 m
Dundee Contemporary Arts, Dundee, 2000

The crowd as body. The silent photography of Beat Streuli
Roberta Valtorta

This is the environment in which we live: as technological images multiply, develop their expressive constructions, become increasingly perfect in their appearance and in the "languages" they master – as their ubiquity in contemporary mass communication becomes a matter of fact, indeed a habit – they become more and more insignificant. The very fact that these images are systematically subjected to a sort of enforced signification and must always display an "aesthetically" dynamic and ostentatious representation – abusive in a certain way – means that they are sadly destined to loose in meaning, or worse, are denied a destiny. They glaze over the worlds they depict and end up possessing a certain banality and false happiness. Very often their maker is only a parasite, informed or ignorant of realities he does not know, faces and landscapes, cultures and events which are no concern of his. Having nothing to do with these realities, he catches them, transforms them into images, but he is unable to see them. As we know, the consumers of such enforced images also experience them in a similarly detached and confused manner. We are, in fact, dealing with a complicated vicious circle, very difficult to break free of, that probably represents a real disorientation of civilisation.

There have been and are artists who in using precisely the technological image, thus the same one which is at the centre of the world of communications, attempt to maintain a distance and free themselves from this vicious circle through a sort of zero setting of representation and a reduction of the image's means and effects. The horizon they seem to point to is that of silence and at the same time the recovery of the viewer's attentiveness. In some respects, art can be considered a technique for refining attentiveness.[1] But if for a long time artists may have aimed at constantly identifying new objects of attention, in the course of the twentieth century such a goal has become increasingly problematic, to the point of revealing itself impossible today. In fact, with the end of the industrial civilisation and the developments of the successive post-industrial phase, art has seen the very notion of attentiveness go into crisis, as exhausted (Walter Benjamin had already written about the "distracted" viewing of the film spectator[2]). Today, when languages and fall of attention have reached saturation levels, a "simplified" form of art, stripped of the slag of enforced communication, "reduced", and in a sense free of the excesses of language, could perhaps come to the rescue. In any case, this eventuality could represent yet a further sort of utopia, if we can still speak of utopia in the present time. But if the world of communications – as it has always done – quickly and admirably assimilated even the forms of this art which tends towards silence and refuses enforced expression, then it would mean that the codes of consumption and those of art would come to overlap and perfectly coincide.

The insistent, sharp work of Beat Streuli places itself in this point of expansion and at the same time crisis of communication – when art calls for silence, though we do not know where this silence may lead to. The way he uses photography systematically ignores the attitudes and choices typical of an "expressive" use of the technological image, such as language display, the illusion of achieving enjoyment or creating knowledge, the mise en scène of a story, the possession of the formal qualities of the image, the practice of the myth referred to the relationship between who takes the picture and his subject. His photography is silent, repetitive, almost autistic. One may say mute. It is founded on a few "hard and fast" rules, which make

•1 Susan Sontag writes about these problems in 1967 in "The Aesthetics of Silence" published in: Susan Sontag, *Styles of Radical Will*, Farrar, Straus and Giroux, New York 1969.

•2 Walter Benjamin, "Das Kunstwerk im Zeitalter seiner technischen Reproduzierbarkeit", in *Schriften*, Suhrkamp Verlag, Frankfurt am Main 1955.

it crystalline and obsessive: his camera does not look, it is fixed on things, obedient
to a mechanism, a programme – we could say – of coercion. It is in this fixity and this
mutism that lies all the implosive force of Beat Streuli's work. His use of certain
powerful communication techniques typical of the mass media, at the same time
positions his photography at the limits of an hallucination which make it totally and
inexorably contemporary.

Anonymity and adolescence

Anonymity is what makes life in the city very different from any other type of life.
The perception of our uniqueness in the midst of a crowd who does not know who
we are, and the unlikely event of being recognised or called by name, is the
interesting and cruel psychological condition that the industrial age has landed us
with. A sensation of absoluteness, almost omnipotence, where everything is possible
– but which stems however, from a lack of confrontation and relation.
We all share this feeling typical of urban man, but it is fierce and particularly delicate
in the age of adolescence, when we approach the adult world: when we literally
leave home, the family, and begin to mature our birth in society.[3]
I remember myself when I was seventeen, in 1969, in the streets of London. There I
was, a young girl of those years, in a sort of initiation where I had to face new
spaces, the metropolitan tube, the streets, the city's large, moving, undetermined and
heterogeneous crowds, trying to understand who I was. I felt I belonged to that large
social body, and at the same time no one, really no one, knew my name – nor would
it have been of any interest to anyone: so if I was me, it was only because I knew it.
This sort of secrecy made me move in a dimension that was in a sense abstract, very
inside of life but at the same time outside of it – for my existence meant very much
to me, but nothing to others.
London was more than Milan: here too, outside the neighbourhood and area around
my School, no one knew me; but in London I could certainly afford absolute
anonymity, almost clandestiness.
It is very likely that, whatever our age, every time we move alone in a metropolitan
crowd or in a crowd of one of the great "total" places spread around the city, in a
subtle way we experience the same suspended condition of adolescence – the age of
disquietude and adventure. We are both strong and fragile, and alone. We walk
driven by specific reasons, are busy people, but like programmed by a dumb decision
– two dimensional and clear, and for that reason incomplete – which comes from the
state of being anonymous. In this condition, other people do not know who we are –
but here and there in the perception of ourselves, even we are not entirely sure about
who we are. Therefore our walking and going places among other people, no longer
becomes only a functional matter but also a symbolic one.

Beat Streuli sinks his scalpel into this tender meat. His work aims to violate the
anonymity of the people who walk in the crowd, who are both individuals and crowd.
He attempts to possess them singularly, wants to name them. Streuli and his camera,
instead, remain anonymous. In fact, in what is an unequal game, he makes sure no
one can come into contact with him while taking these pictures of people in the

•3 See Fulvio Scaparro, Gustavo Pietropolli Charmet,
Belletà. Adolescenza temuta adolescenza sognata, Bollati
Boringhieri, Torino 1993.

streets, nor recognise him.

He is, in his turn, alone, trembling and impudent like an adolescent. He mirrors himself in the crowd he obsessively portrays, and this way looses his name.

Beat Streuli has a very complex relationship with this mass of people.

On the one hand, by reflecting himself in the crowd in a condition of anonimity and solitude, he tends to be sucked in by it and become part of it – like a son who returns to his mother's bosom. Is it not indeed the metropolis, the meter-polis, the city-mother? Is it not a magma, a great body in which to loose oneself?

On the other hand though, Streuli acts as an adult, putting into practice the mechanisms which are of the father: to separate, giving a name to things. Close up the great body appears made up of different elements, individual bodies and faces one can differentiate.

Photography becomes the means for the artist to re-live the condition of an adolescent who – half son and half adult – still belongs, but also attempts separation and social birth.

And it is not by coincidence that Streuli very often chooses in the metropolitan crowds young people, especially female, belonging to that suspended age in which destinies have not yet been designed. It is also important to underline how significant it is that he draws from the crowds figures in movement, seen as they are walking, crossing the road or a park, thus as they pass from one situation into another.

Even when in other projects, Beat Streuli portrays people who know they are being photographed[4], again he chooses youths, secondary school students. In this case, the artist comes out into the open, declares his intention, asks for permission to take photographs: his camera is no less insistent than before, the mechanism behind the snapshots is always that of coercion, however an "official" type of contact is being established between the artist who takes the picture and his subject. But no matter how much more circumstantiated these declared portraits are than those obtained in disguise, they nevertheless present singular characters extracted from the mass, and thus once more extracted from a flow, temporary.

These pictures of youths repeat themselves, therefore, all very similar to one another – clothes, accessories, hair-styles, expressions and gestures of a global behaviour – and yet different and tender, as if in danger, because selected by a lens which attempts to call them by name. In some respects, they define themselves in singular characters for the very fact that they are pointed out by the camera. Without its intervention, their magmatic flow would never be interrupted.

The other

In his story *L'avventura di un fotografo* (The Adventures of a Photographer), Italo Calvino tells of how Antonino Paraggi, having taken pictures of his girlfriend in hundreds of different ways and moments in life, secretly wished to capture her without her knowing: "But he would not say what more than anything else was in his heart: to capture Bice in the street without her knowing he was looking at her, to keep her under the gaze of his lenses, to take pictures of her not only without being seen but without seeing her, to surprise her as she was in absence of his gaze, of anyone's gaze. Not that he wanted to discover anything in particular [...]. It was an

•4 See for example: Beat Streuli, *Retrats. Tarragona 1996*, Tinglado 2, Moll de Costa, Tarragona 1996, catalogue by Chantal Grande, with an interview to Beat Streuli by Jorge Ribalta. Beat Streuli, *Portrait. Tarragone Copenhague 1996*, Musée d'Art Moderne de la Ville de Paris, Paris 1996, with texts by Laurence Bossé, Ulrich Loock, Jean-Christophe Royoux.

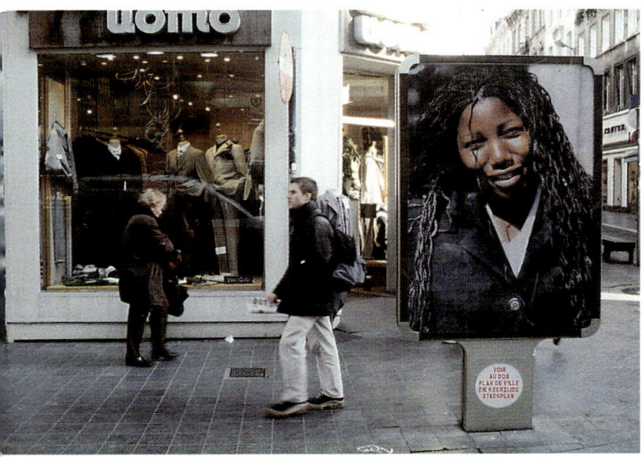

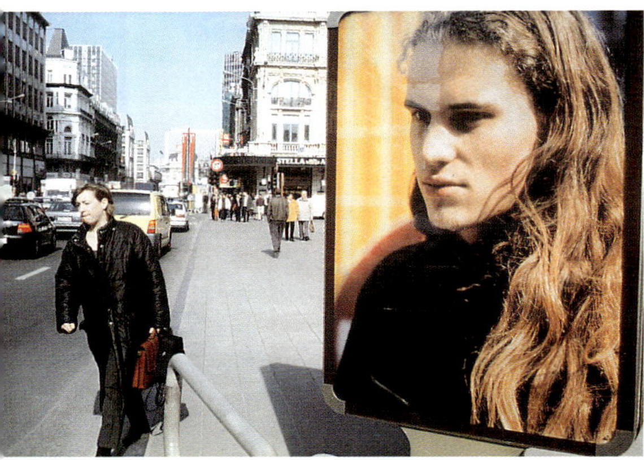

•5 Italo Calvino, "L'avventura di un fotografo" (1955), in: *Gli amori difficili*, Einaudi, Torino 1970 , then Mondadori, Milano 1993. Translator's note: the quotation is translated from Italian by Marcia Wallace.

Bruxelles 00, 2000
posters
175 x 120 cm ciascuno/each
Commissionato da/commissioned by Bruxelles 2000

invisible Bice he wanted to possess, a Bice all alone, a Bice whose presence implied his absence and everyone else's".[5]

The total possession of the other takes place when the latter is unaware of being seen, is caught in the most complete solitude, not wearing a mask to respond to someone's presence or gaze.

The other at this point is completely vulnerable, naked, undermined in his very identity (this also happens when taking pictures of someone sleeping), dead, say (the act of taking photographs, so often compared with that of killing, in this way would reach its ultimate completion).

However, the abolition of the traditional and "determinant" relationship photographer-subject — a fundamental bipolarity in all of photography's history and its myths — and the "absence" of the photographer, which excludes a direct relationship, gives rise immediately to a phenomenon loaded with consequences. The other, that is to say the chosen subject, not being able to engage in a dialectical relationship with anyone, no longer exists as such: what remains is a trace of him, a generic presence that is quite aleatory. Therefore who does the artist take pictures of, if by his absence he has caused the other to disappear? And if the other no longer exists, who is the photographer?

If in a sense, the other is the limit, the element which upsets our absolute being, at the same time it is also the only way out: we never truly know who we are until we enter in relation with someone. We cannot dispense with the other without loosing our very identity.

The action of annihilation that Beat Streuli often performs on the other and on himself through the lucid mediation of the photographic medium (and which does not substantially change when his subjects know they are being photographed, were it only for the simple but not trivial fact that they hardly ever face the camera, and when they do it is a temporary glance, never "devoted" to the camera and thus to the photographer) is of great significance for our understanding of contemporary society and its ways of accessing emotions.

Streuli's conceptual concerns deal fully with the theme of the individual-mass, though not in a negative way, but rather in a light one. The figures he shows us, rather precise in their exceedingly ephemeral presence, are opaque, mute, vane. Looks, skin, gestures, hands, hair and body shape, even if attractive at times, are similar to objects floating in the void, despite their being concretely anchored to the urban environment, carefully touched by light, sometimes marked by wise shadows.

Beat Streuli gauges his subjects, selects them, points them out — this one, that one, the one furthest away, the one with his back to us, this one in the foreground… —, but these figures are without destiny: their pressing contemporaneity is like suspended on nothing. Another distinctive and very significant trait of Beat Streuli's photographs is that they intentionally lack sky and ground. The human figure is cropped so that the head, torso and part of the legs, occupy with casual accuracy the designated space: at the top, the photograph is ideally tangent to the head; at the bottom, the legs below the knee are hardly ever seen and the feet never seen at all. The same can be said for the close-up portraits: here the face is diligently placed in the rectangle to occupy it fully, with very little space on one or either vertical sides to indicate the world outside.

But to fully clarify the precariousness and opacity of contemporary man's condition there are a few very important photographs that Beat Streuli places intermittently among his figures: these display highly structured fragments of the urban environment, with a sensitivity which is Constructivist in origin. So we have cars, lorries, motorbikes, shutters, shop doors, walls, signs, advertising, urban graphics. Their surfaces oppose our gaze in a very hard but elegant way (a sort of "mechanical" elegance is another characteristic trait of Streuli's photography). They represent inanimate objects which act as barriers, negations, and which once more speak of the inscrutability of the other and ourselves – of who we are not and of silence. They convey the sense of a mute society and of the autism which pervades it. Beat Streuli has been able to transfer onto the crowd – the body of society and the urban environment itself – an "impersonal" and automatic way of staring, which denies intimacy (despite the sometimes even embarrassing feeling of proximity produced by his use of the telephoto lens) and a fatal coincidence between private and public, individual and society, which converge towards one another not in order to grow stronger – to create harmony or conflict – but as if precipitating with reciprocal indifference and lightness towards an abyss.

Streuli's photography is highly "mediated" – sustained by technology. His images come close to but never touch the person, conveying the sense of an impossible contact with the other, somewhat similar to the tenacious and tender attempts to romance on the internet. The sense of suspension and loss is all the greater for the fact that there is nothing dramatic or "expressive" about Streuli's photographs, there is no "existential" note, no pain, no criticism nor judgement.

The camera and chance

Beat Streuli therefore sides with that section of photography which does not display language. Here conceptually the image shows itself for what it is: what the camera can see in a pure and self-evident way, without concessions or embellishments. Between being icon, symbol or index, all of which photography has adopted in its history – becoming now one or the other or all tree together to different degrees[6] – Streuli chooses the index. His photographs do not "represent" reality in virtue of the power of faithful reproduction, nor do they employ rhetorical devices to allude to "other" realities: they simply show and record situations that the camera takes it upon itself to fix. Of course, there is choice in the clicking of the lens of the camera – it could not be otherwise –, but this clicking resembles its very way of being, its rigid breathing: once it is set, the camera cannot but take shots. Automatism plays a very important role in Streuli's work: the author takes a step back, and the camera comes forward, and it is thanks to this very technique that the subject can dominate with simplicity the image.

A reconsideration of Franco Vaccari's concept of "technological unconscious"[7] appears useful in understanding Streuli's project. Hence, the photographic camera possesses its own unconscious – which is the successor of what in his time Walter Benjamin called "optical unconscious" –, a sort of inner life of its own which inevitably intervenes at the moment of taking the shot: it should by no means be thought of as an extension or strengthening of the human faculties, but as a deep

•6 See: Rosalind Krauss, *Le Photographique*, Editions Macula, Paris 1990. Phi ippe Dubois, *L'acte photographique*, Editions Labor, Bruxelles 1983; Charles Sanders Peirce, *Collected Papers*, Cambridge, Mass., Harvard University Press, 8 volumes, 1931-1958.

•7 Franco Vaccari, *Fotografia e inconscio tecnologico*, Punto e Virgola, Modena 1979; then Agorà, Torino 1994.

autonomous force which acts with or instead of the operator in defining the existence and sense of the image. Vilém Flusser's idea of "apparatus" also comes close to Vaccari's concept of "technological unconscious" as a powerful condition structuring the photographic action.[8] Both scholars question the significance of the existentialist "decisive moment" formulated by Henri Cartier-Bresson and profoundly rooted in the traditional photographic culture of the whole second half of the 20th century. This theory suggests that the photographer masters the camera expressively, bending it to his vision, and is capable of tuning into special moments within the flow of reality which can bring to light particular meanings and construct a solid basis for structuring the narration of human stories. It is the case of the classical reportage. Both notions of "technological unconscious" and "apparatus" belong to post-industrial culture and contribute to loading with complexity the identity of photography within our society. Far from highlighting the "natural" quality of the relationship between man-machine — of humanistic descent — they bring into evidence, on the contrary, the contradictions of such a relationship, fraught by new and difficult balances of forces.[9] The element of chance — a theme already much present in the avant-garde — makes its appearance introduced by that very same technology which seemed to guarantee the artist's total control over the image. Now though, he lets the forms of reality enter his work thanks to the work of the camera, even if outside his control of a linguistic-rhetorical type.

Beat Streuli, in choosing the streets, the crowd, the metropolis in general (it is not at all important that it be identified), as the subjects of his work, and the repetition of figures as his principal motif, declares in clear letters that in contemporary life there are no decisive moments. This means that it is uninteresting to construct a hierarchy of importance to apply to the time and places of human activity, that there is no possibility for narrative and that time cannot be synthesised in particular moments. Instead, there is a condition of standardisation, repetition, almost clonation of situations. This condition accepts only a serial approach based on the addition of fragments. Even when Streuli creates a chain of images through a projection, they do not result in a story: the moments remain unlinked and maintain their state as fragments. His large projections also lack a story, all kind of happening, a beginning and an end — as their highly conceptual framework demands. In their flow, the images each live their singular static life and at the same time attempt to join together in movement, in rhythm with the iteration or variation of figures — but they only always follow one another, without ever being able to organise themselves in a narrative sense.

What Streuli shows us, is what the camera sees placed in a particular point, and the camera — used more as a cinecamera than a photographic camera — sees all kinds of situations which belong to the immense realm of our casual and banal everyday life. In these photographs everything repeats itself with strict coherence. The fixed frame defines a screen which is the same for everyone, on which everyone, as required, runs. The point of view never changes, the camera lens imposes a compression of space which denies perspective and any illusionist effect. And everything takes place on the surface of things: of photography, of the screen and also of sentiments, it would seem.

•8 Vilém Flusser, *Für eine Philosophie der Fotografie*, European Photography, Göttingen 1983.

•9 I have written about this theme in my introduction to *Fotografia e inconscio tecnologico* of 1994 (quoted), and in my essay "El reverso de las imàgenes. Azar y control en fotografìa", in: *Papel Alpha*, n. 4, 1999, Ediciones Universidad de Salamanca.

The fate of these images is to be enlarged and become similar to many different things – street billboards, posters on the walls, transparent figures on the windows of a building, that is to say images which seem to recall the world of advertising – or to be projected onto large screens as a peculiar type of cinema. In both cases, there is a reference to the world of communications which relies on the mass media. But not only. The look of many of the girls we find in Beat Streuli's images is similar to that of young models, and not just the look, but also their movements – their way of turning round, their gaze. Moreover, the fragments of cars or shop signs that we find scattered here and there in his sequences could look like fragments of real advertising images; certain street situations could be brief scenes from films or soap-operas; some of his portraits recall the faces of people interviewed in the course of a news report.

Something very complicated has happened, we know: on the one hand, it is the people in the street who look like the people inhabiting the media world (as well as the people in the street of the mass media); on the other hand, the latter are chosen and created so that they resemble people in the street, that is to say, "real" people. Part of the world of communications today no longer wants to employ forcefully expressive, narrative, "staged" or sensationalistic languages, but is orientated towards more "moderate" ways, closer to everyday life. If what we have entered is the labyrinth of codes and behaviours, then Beat Streuli really chooses the tools most suited to comply with the status quo: enlarged photography, the screen and, of course, the video. His art displays without reserves and rather elegantly the same devices of the world of communications. To work on large scale, taking the photograph and then expanding it until it becomes similar to the modes of advertising, fashion, cinema and television, means – on Streuli's part – to speak with insistent and intentional precision of the type of civilisation in which we live, it means giving us a detailed, scientific mirroring of it. Therefore forcing us even more into the labyrinth.

But one important fact needs underlining: if Streuli's art does not present elements of criticism nor obvious judgement with regards to the activity of the mass media, on the other hand it is evidently in no way submitted to them. The large photographs, the sequences, the transparent images in projection and even the images that Streuli has placed in the streets as real posters, are marked by a profound sense of detachment, of lightness, of anti-functionality and even melancholy.

The void is the real master of these images, which in some respects are dematerialised and not all together real, despite their original documentary imprint. It is on waiting, not consumption, that Streuli works, in a difficult and obsessive search for a possible, more satisfactory and physical relationship with the outside world – to which he gives the form of a large moving body, that of the metropolitan crowd.

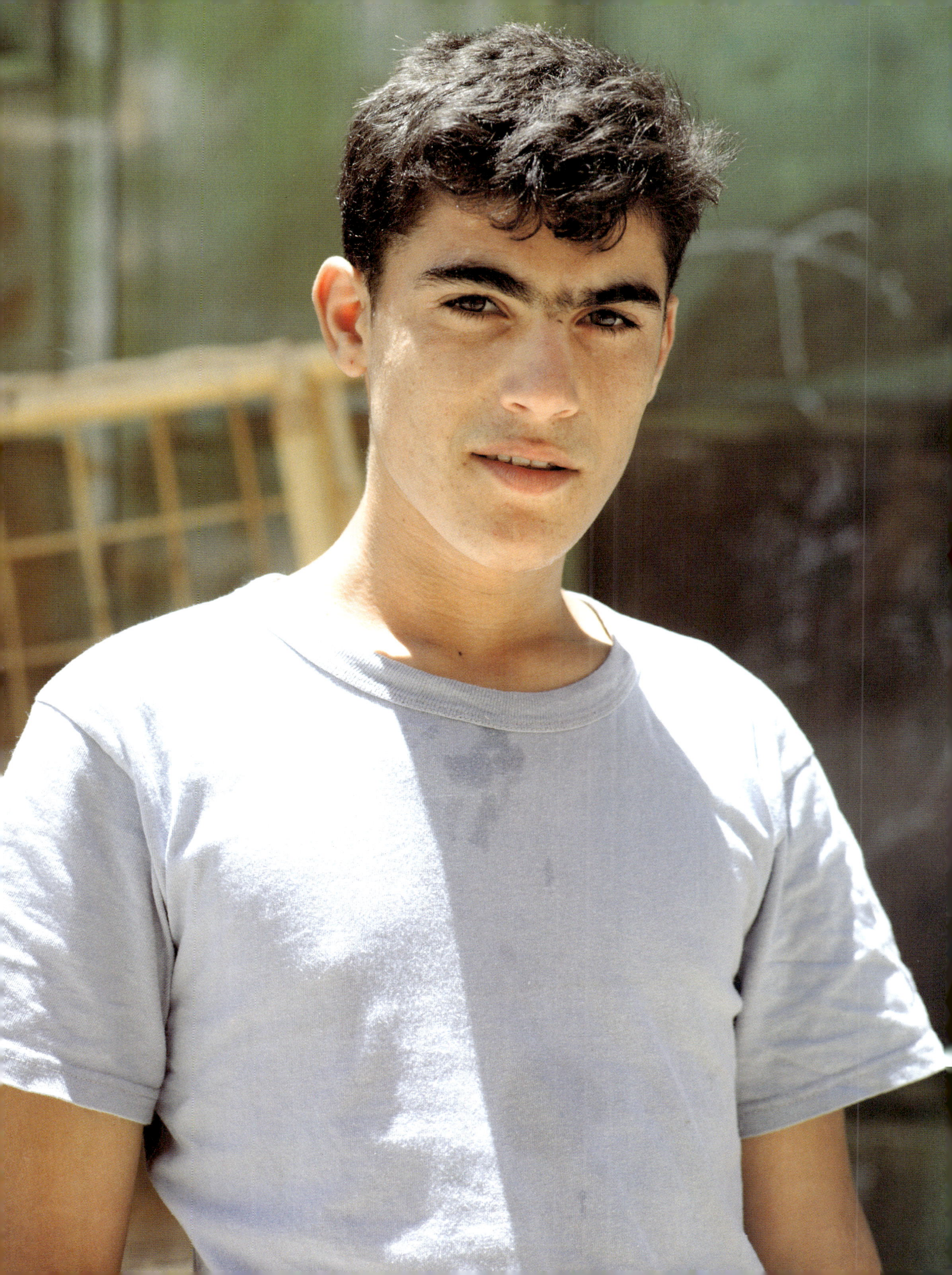

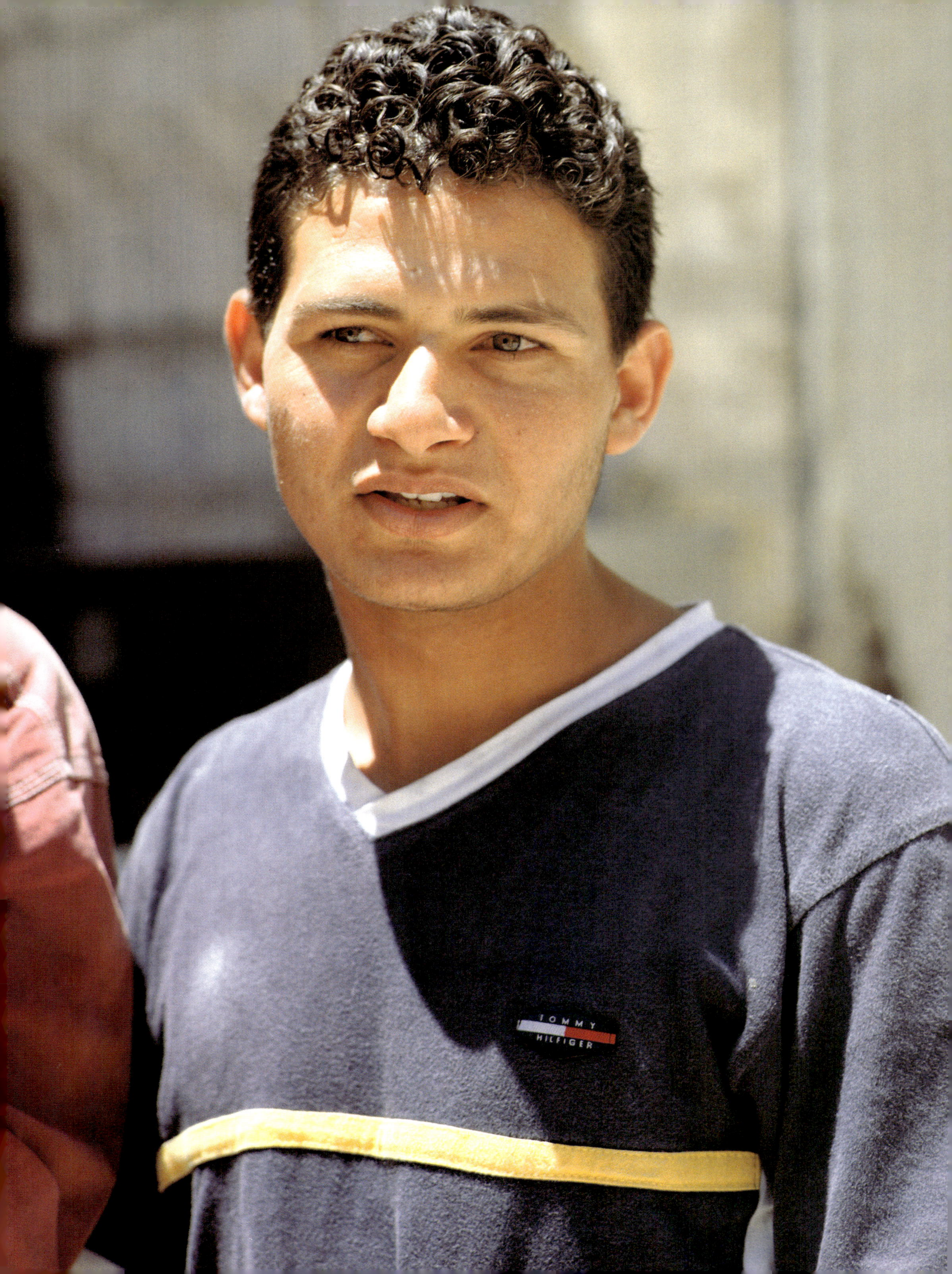

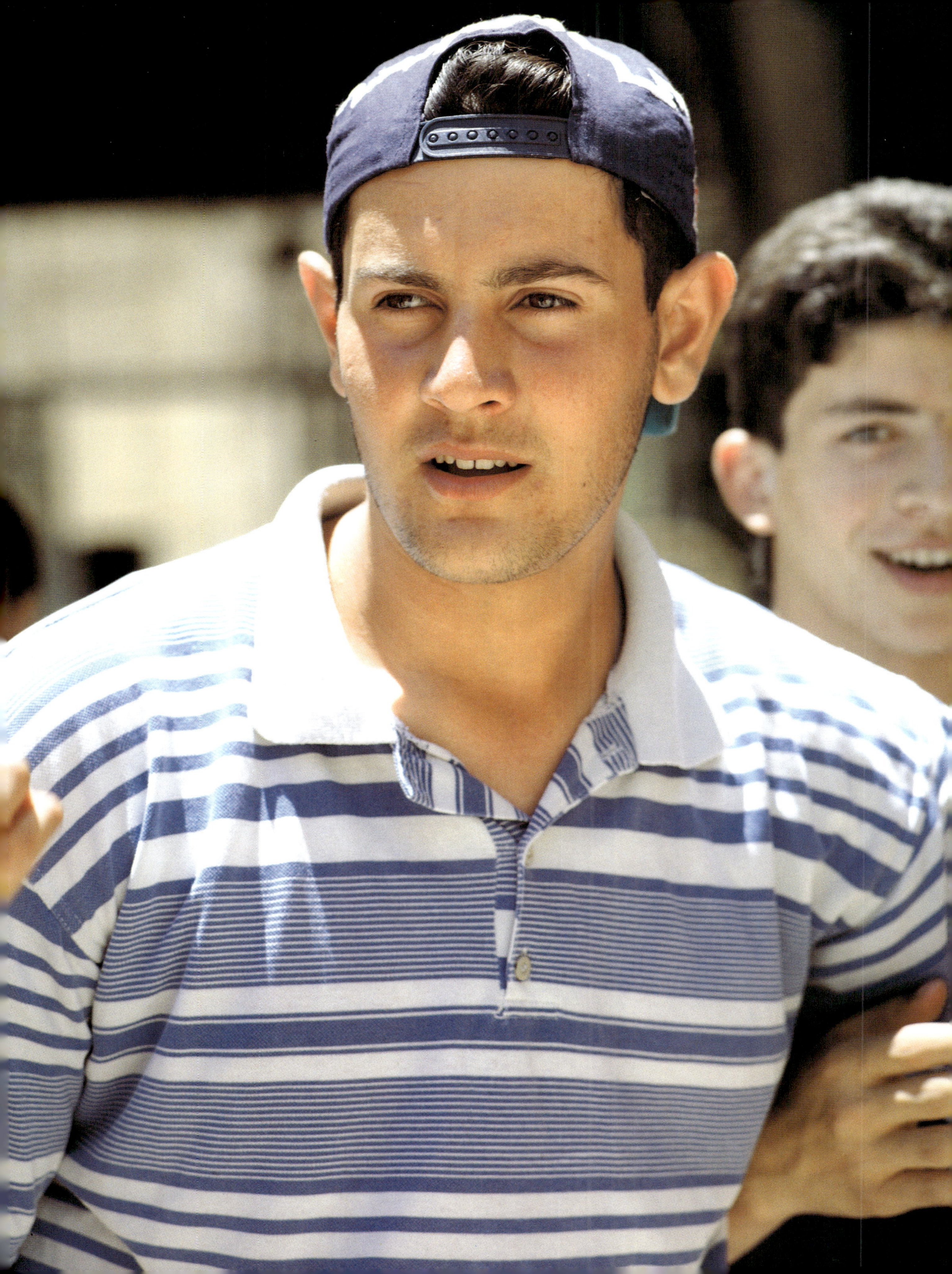

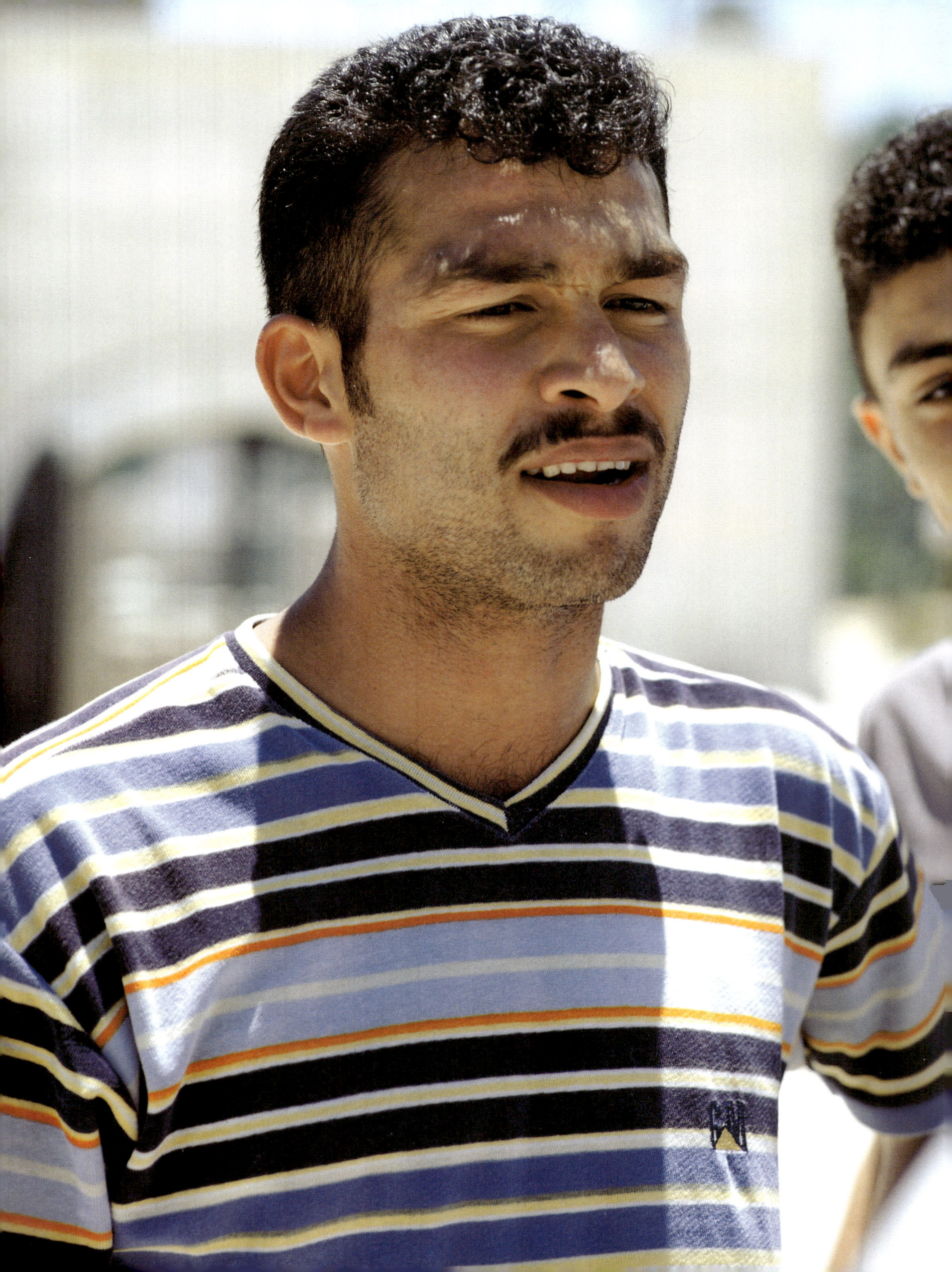

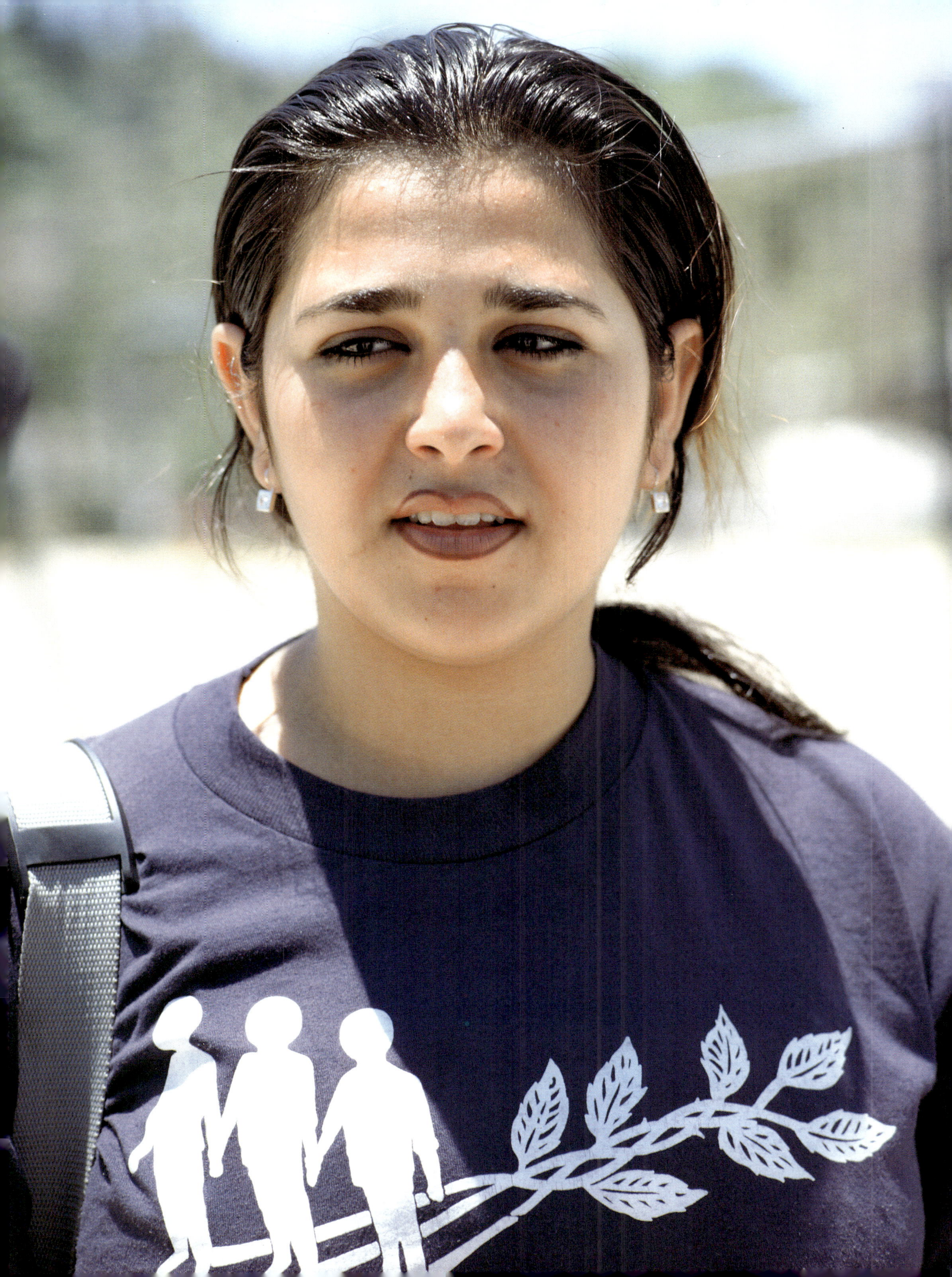

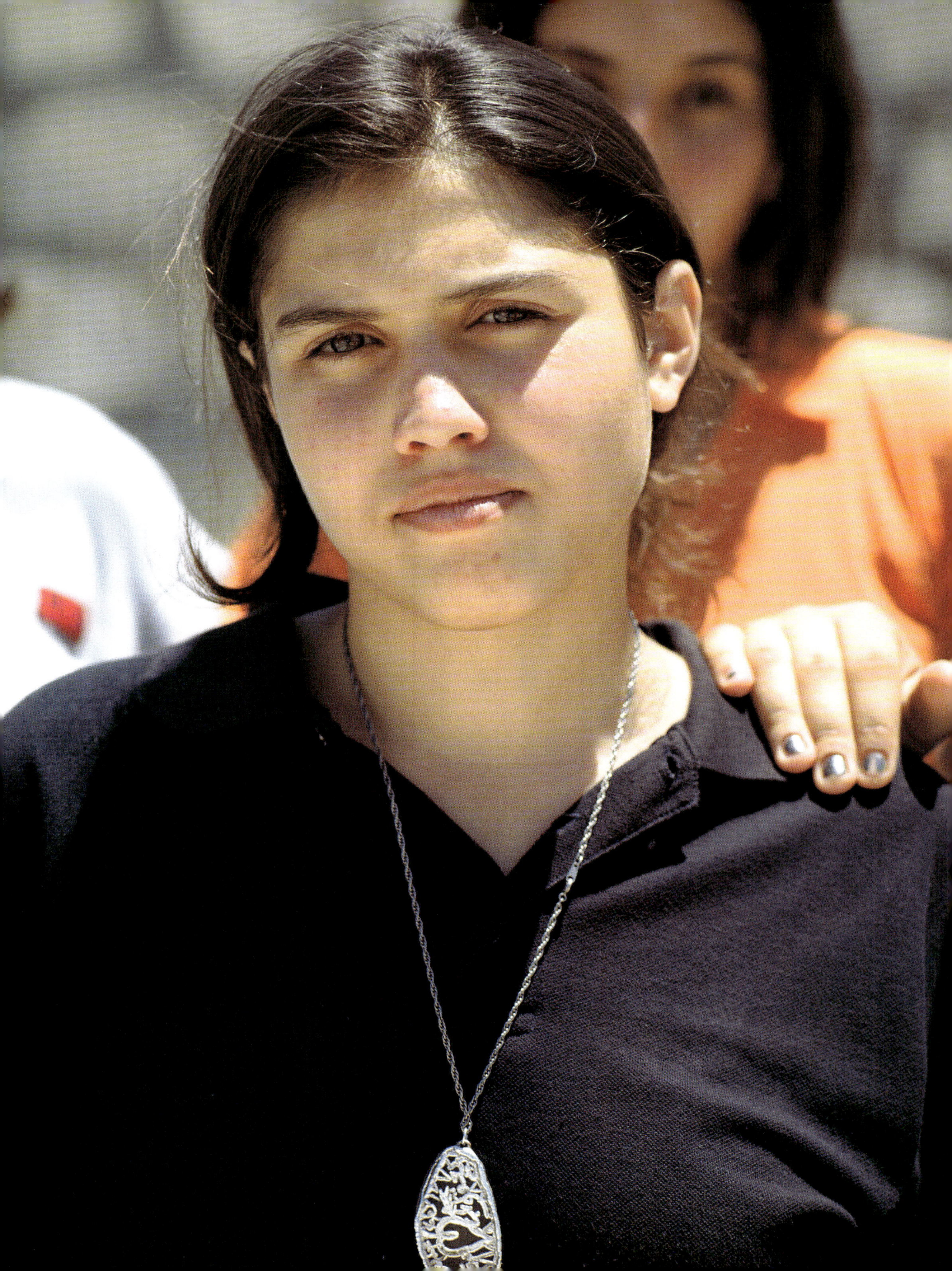

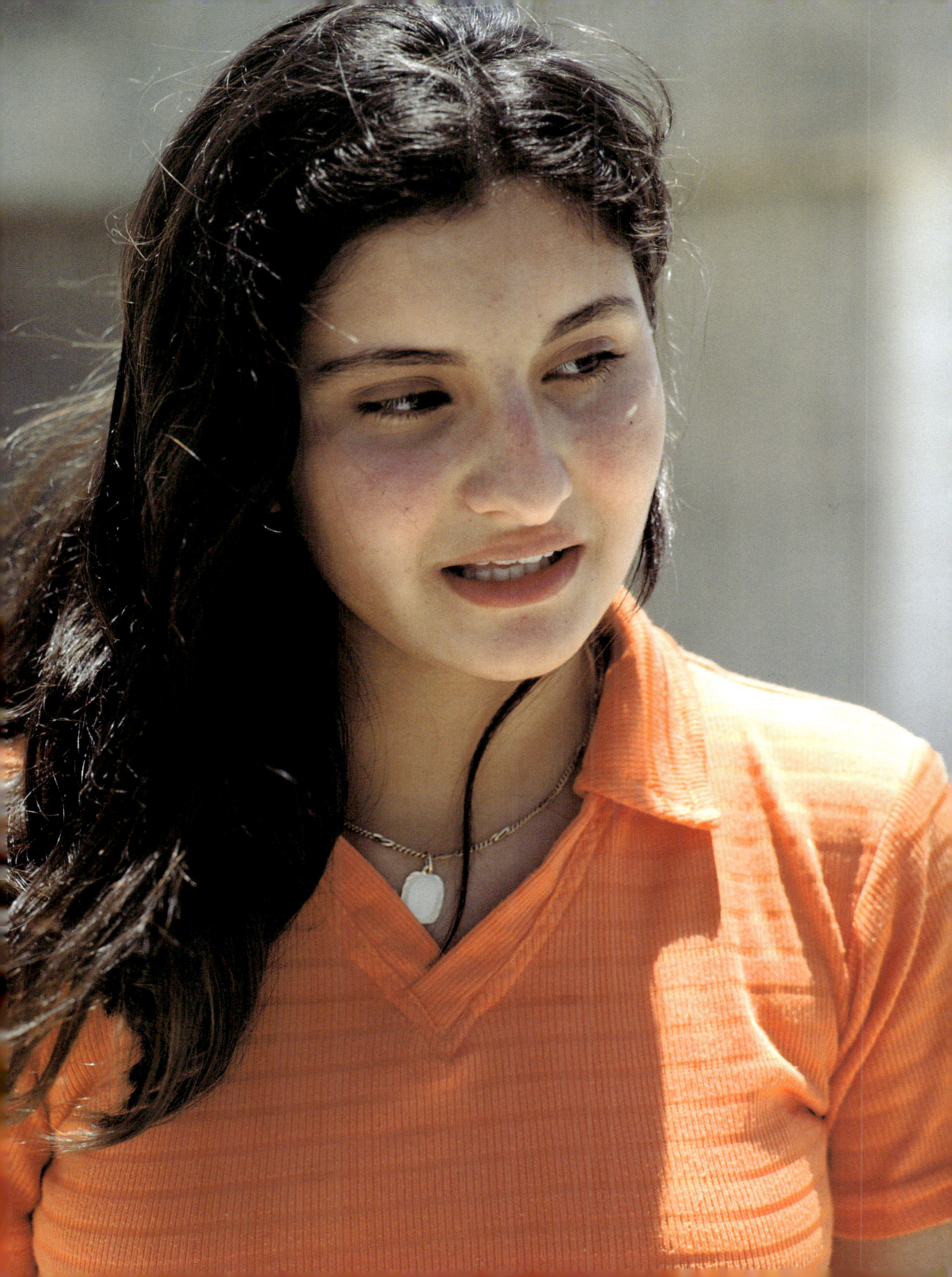

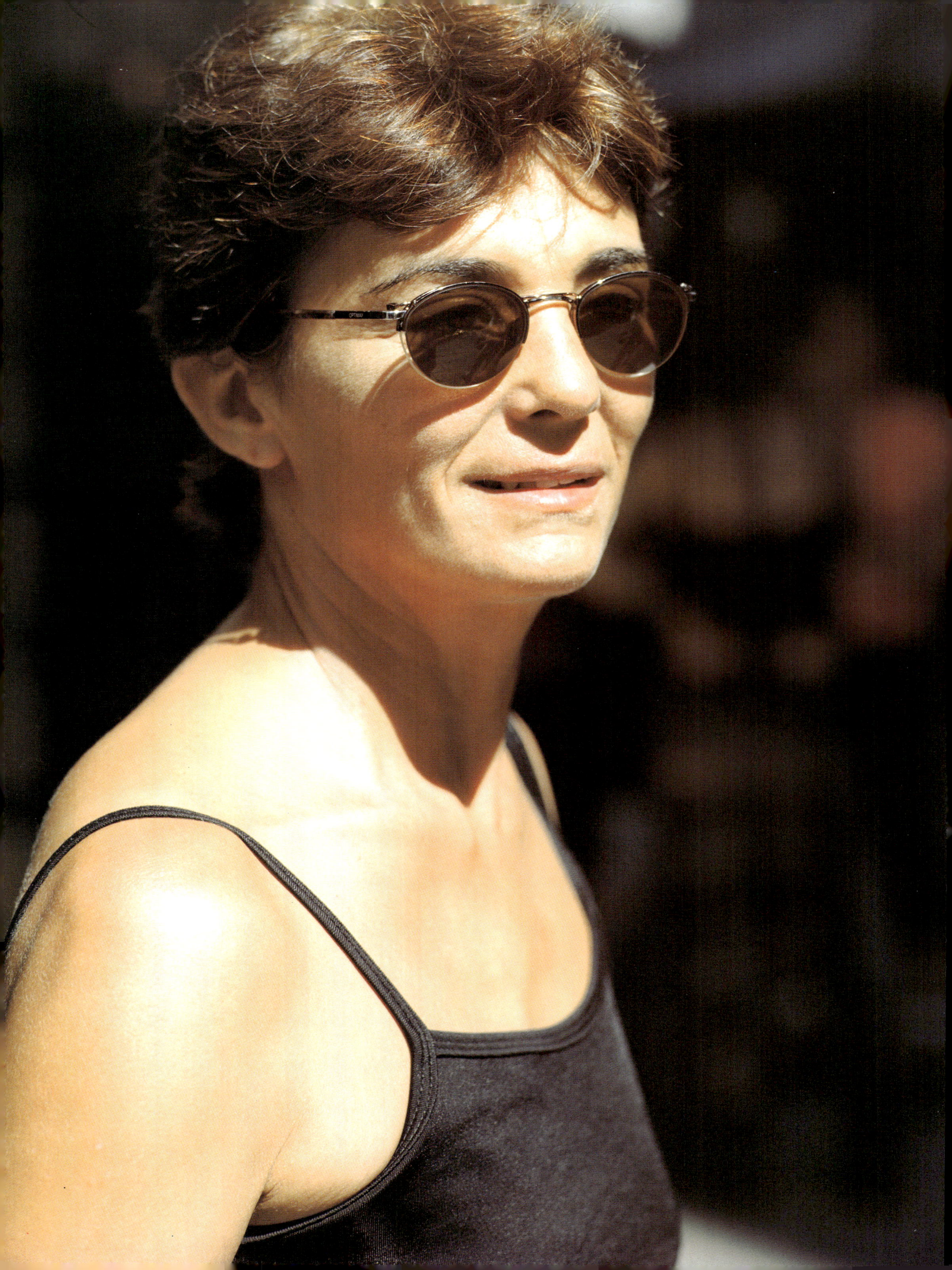

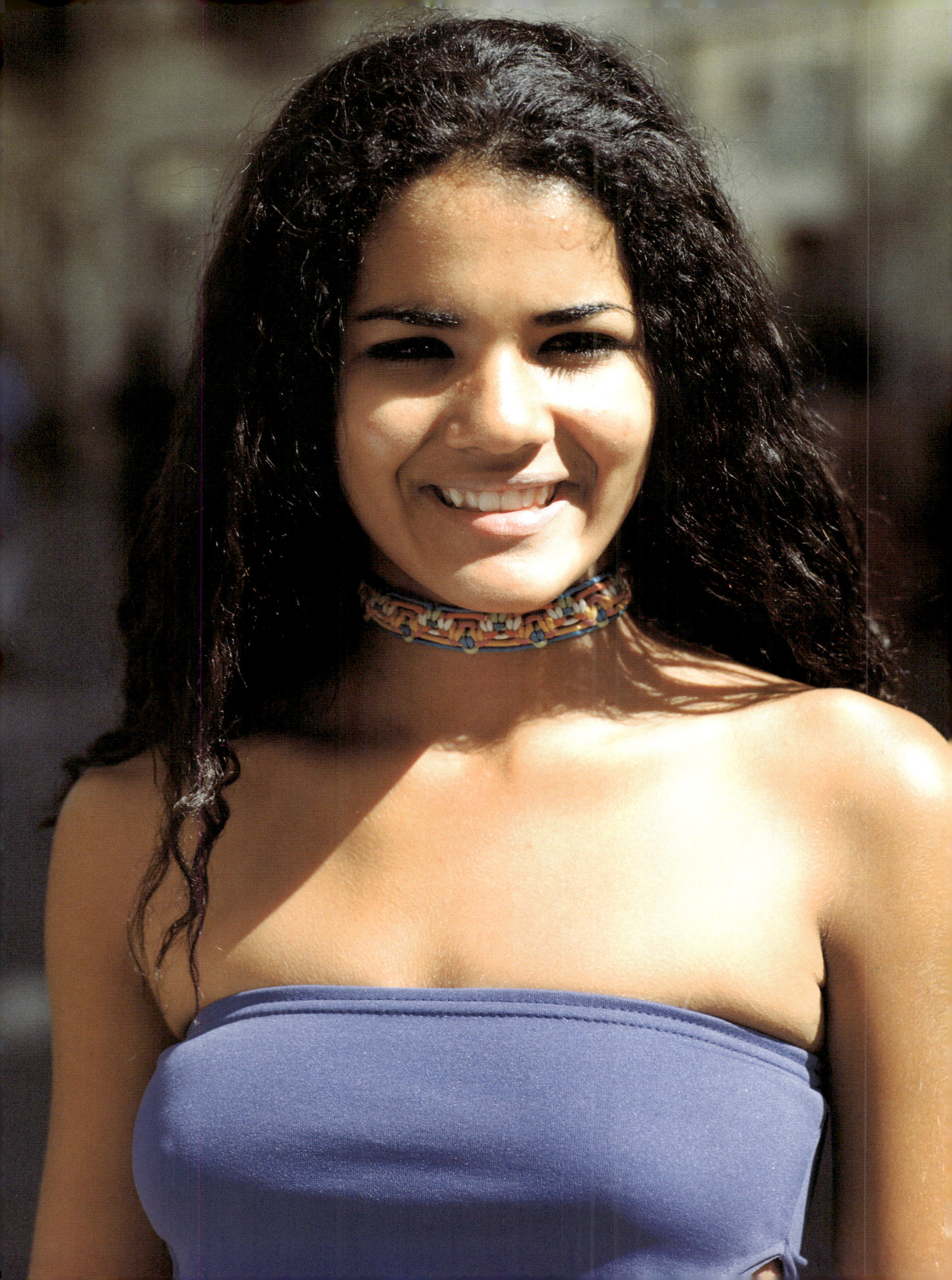

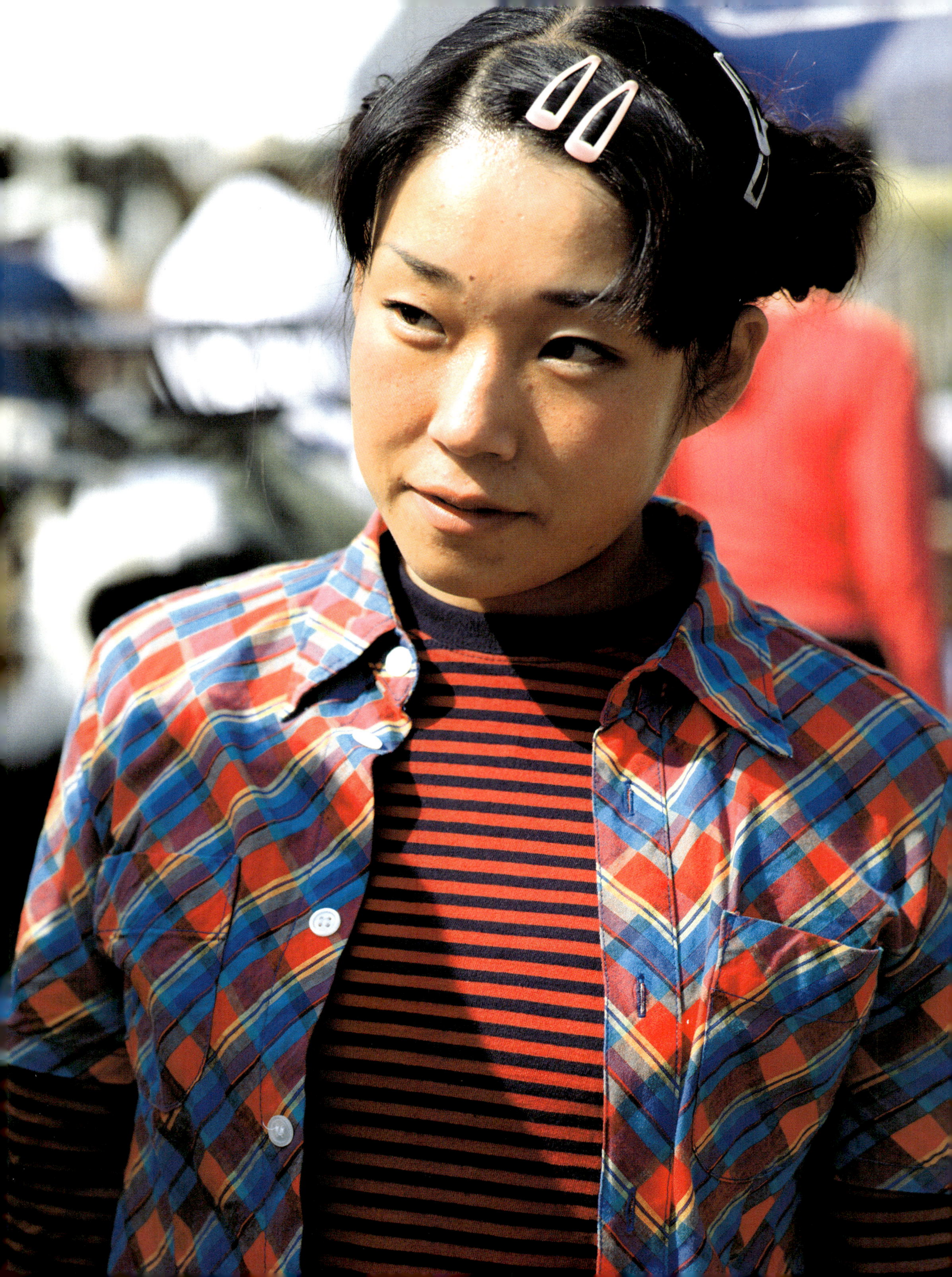

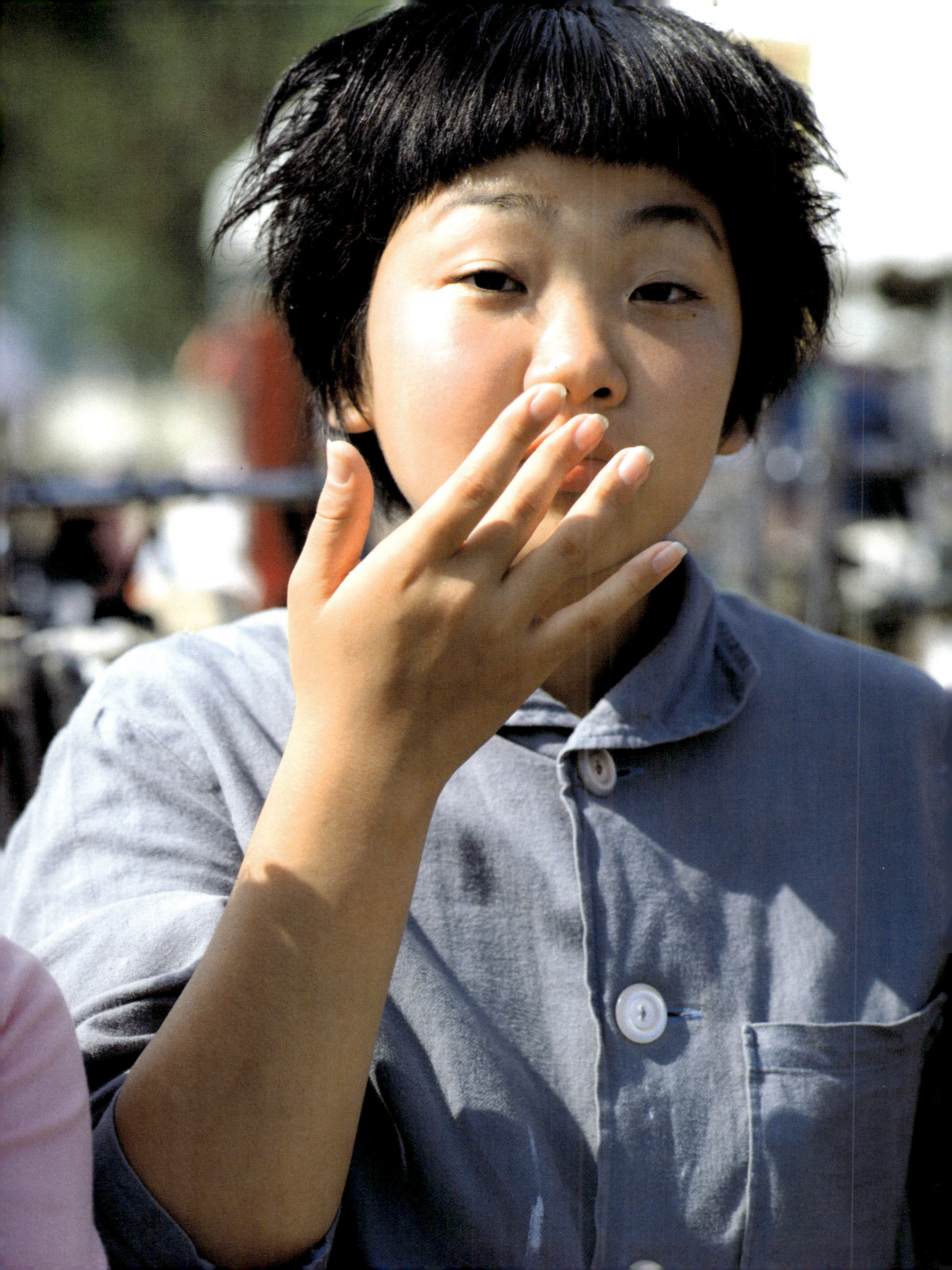

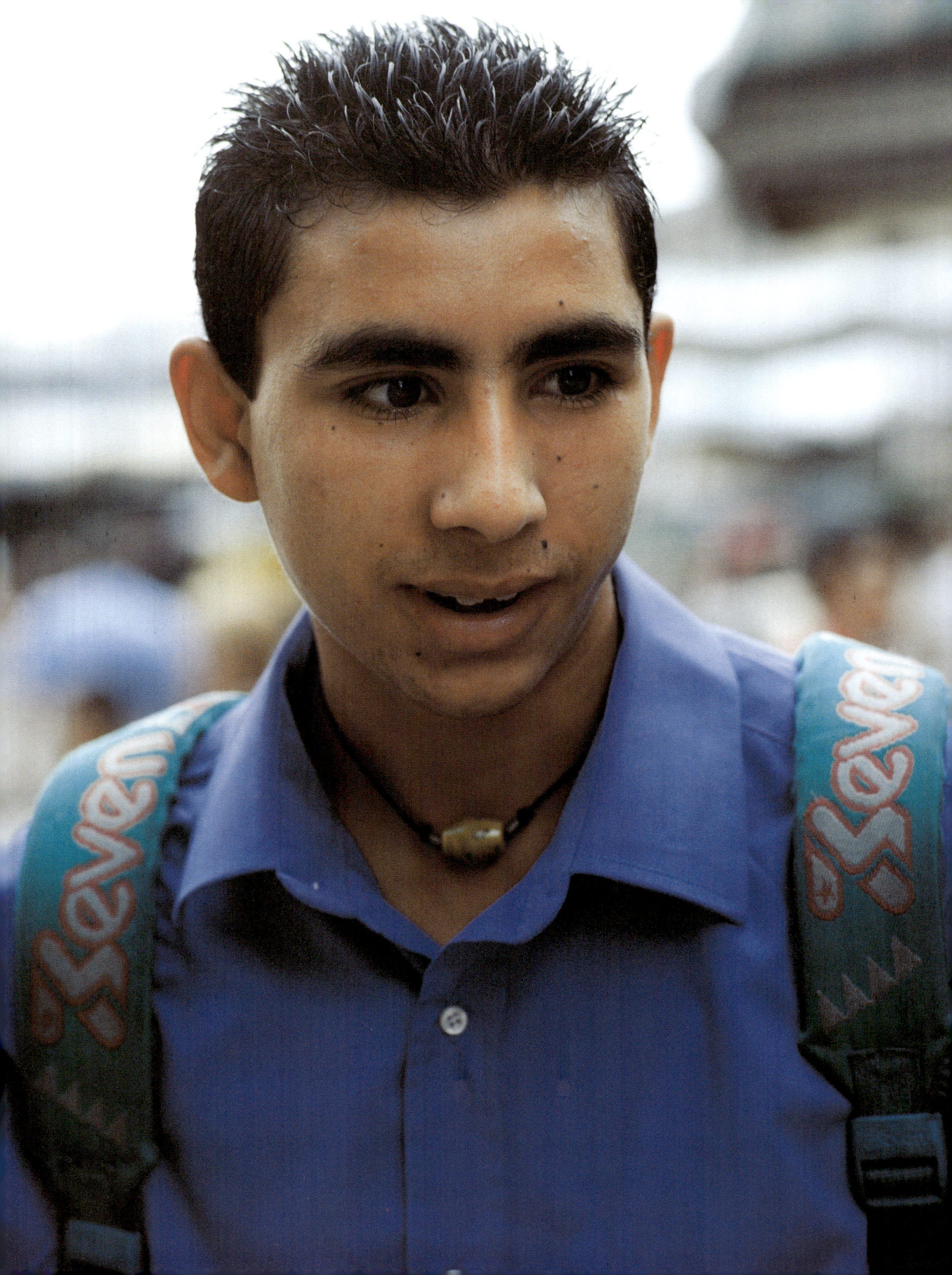

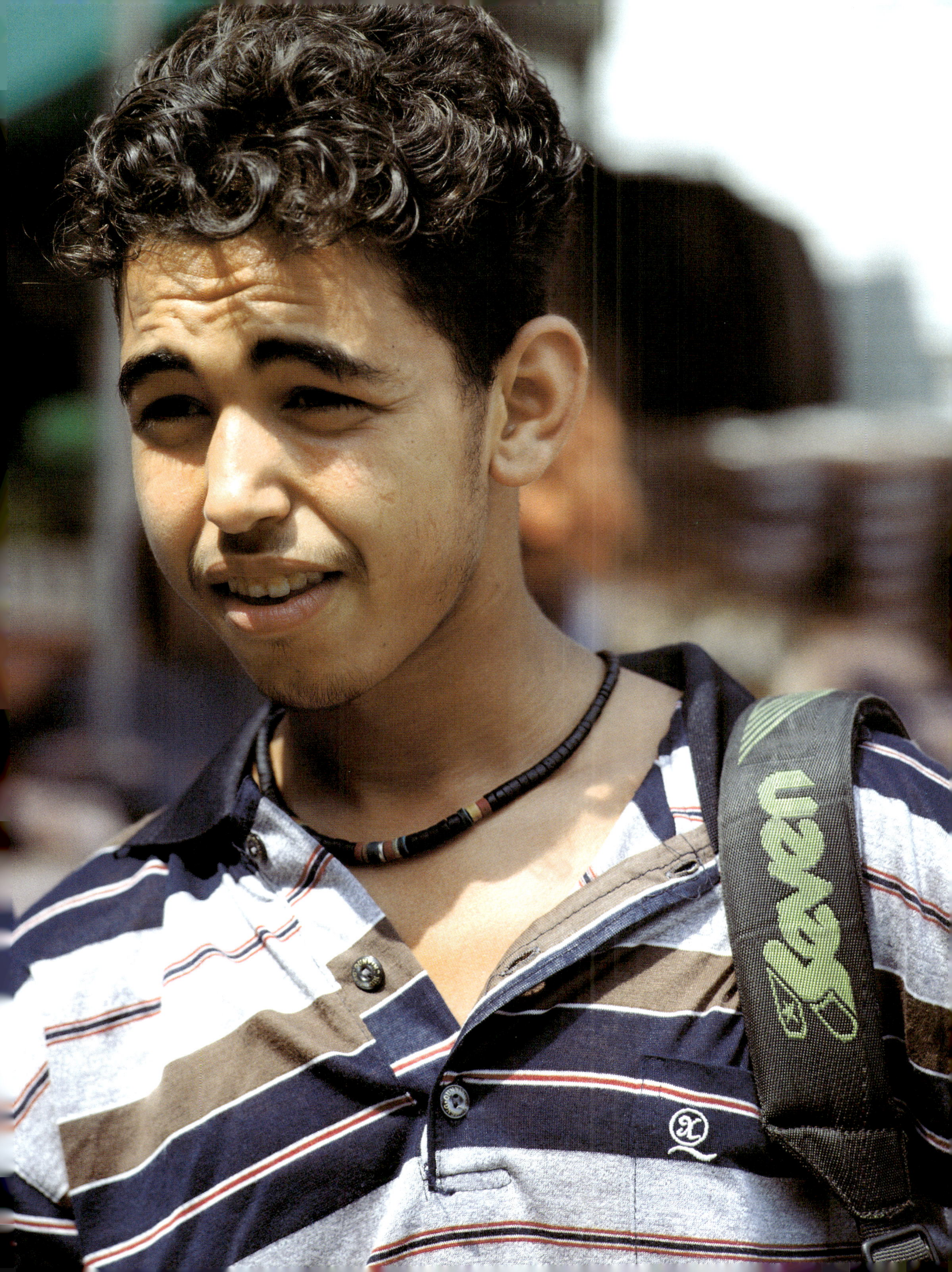

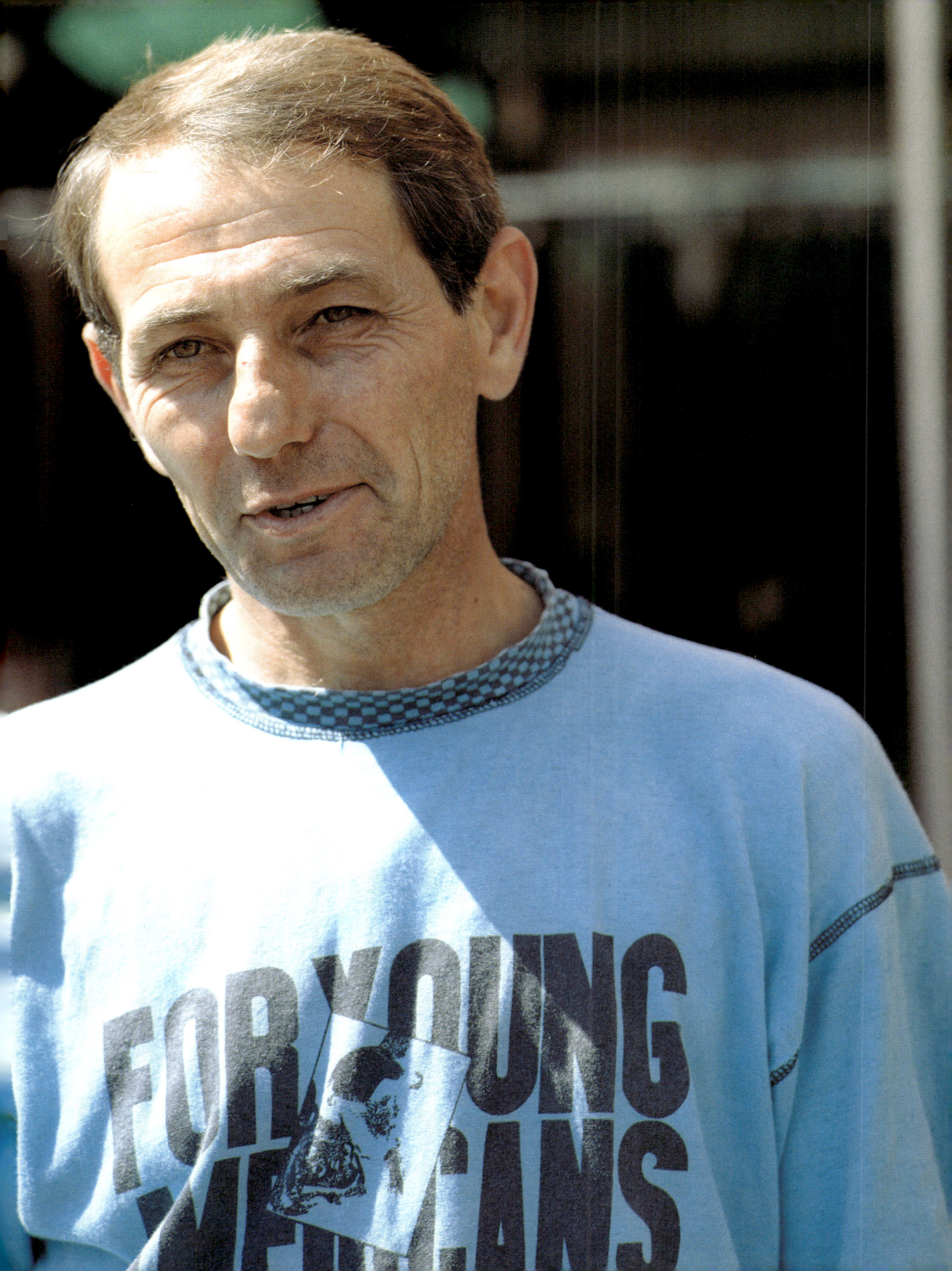
FOR YOUNG
MEXICANS

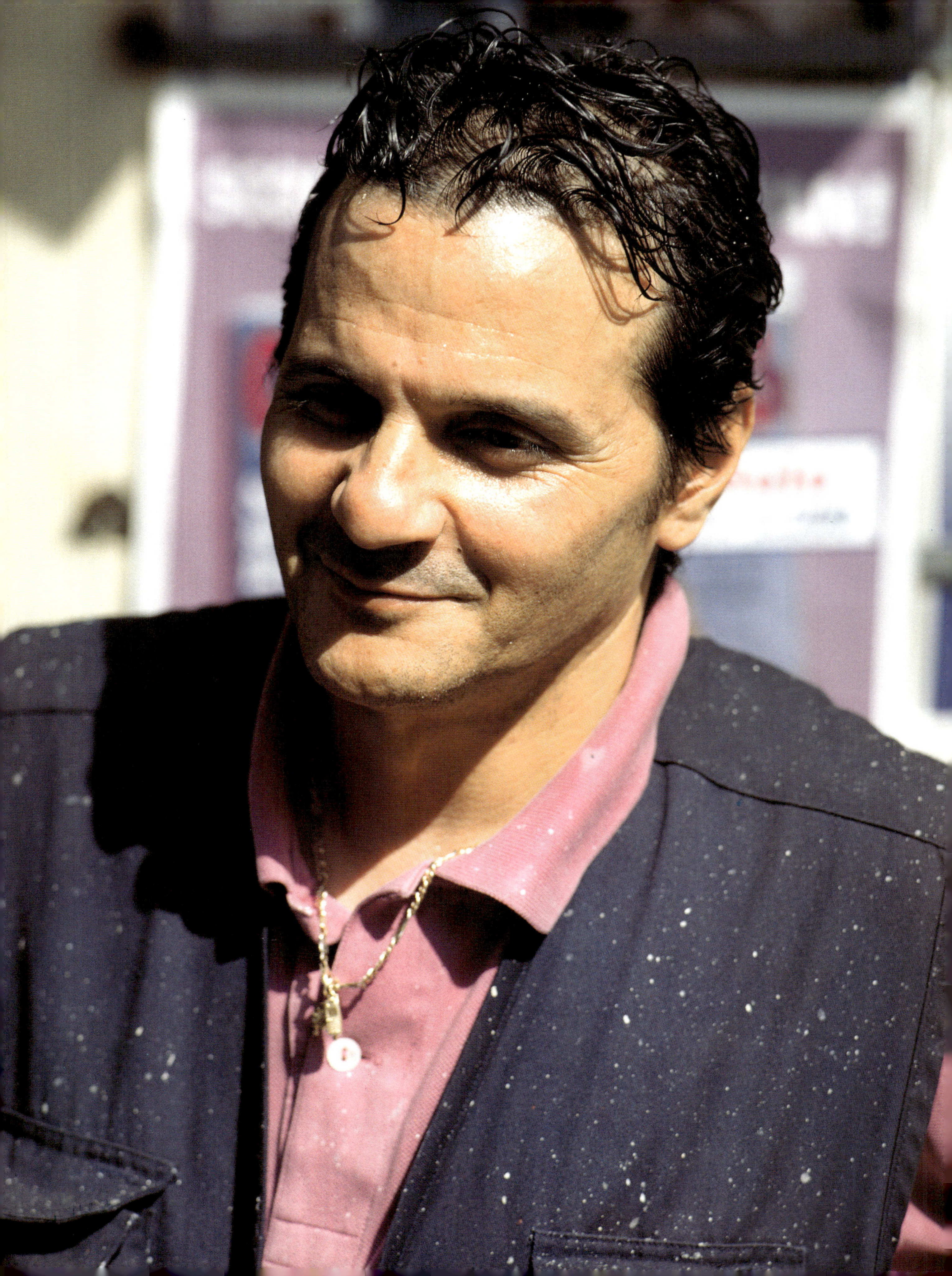

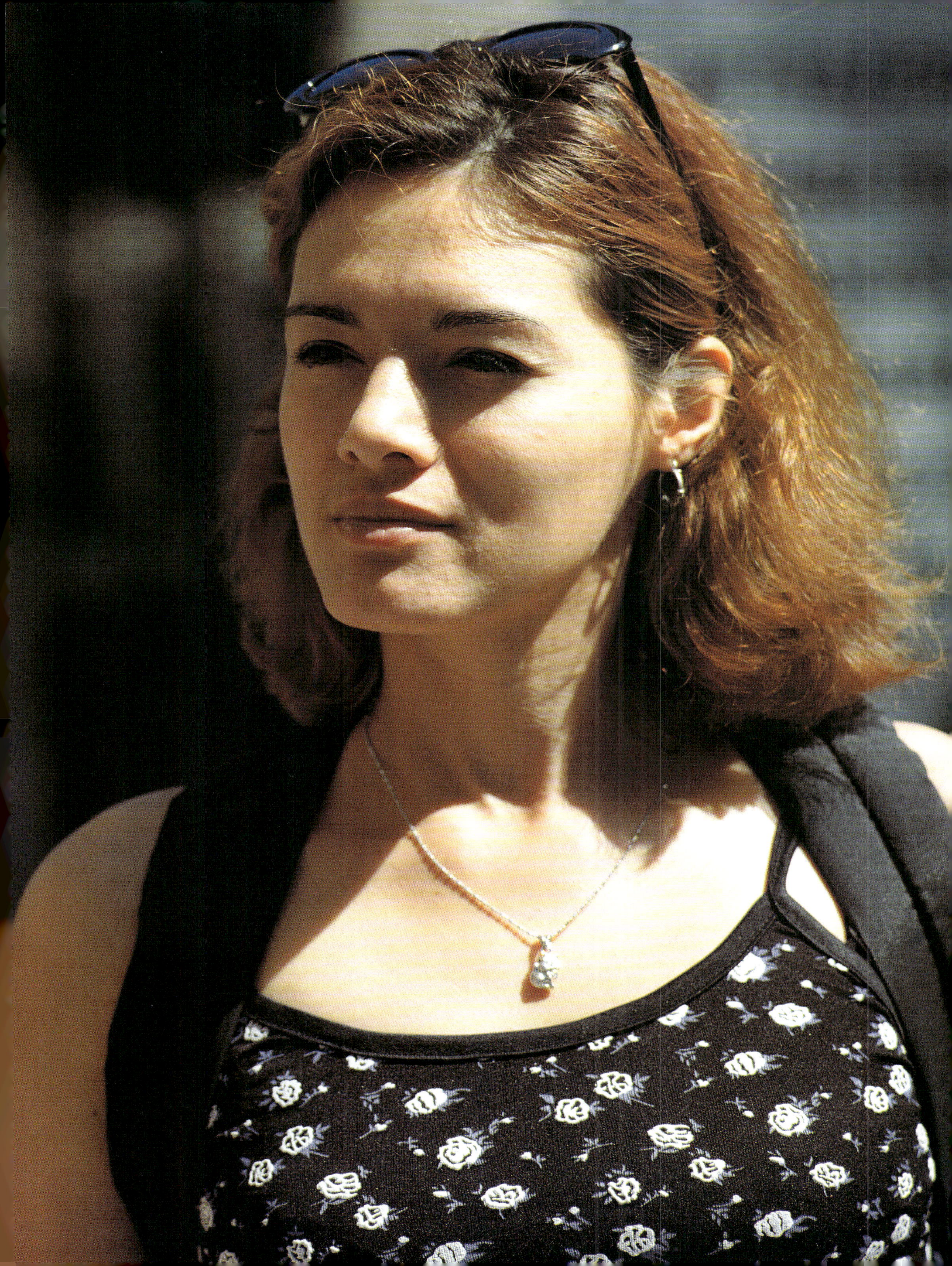

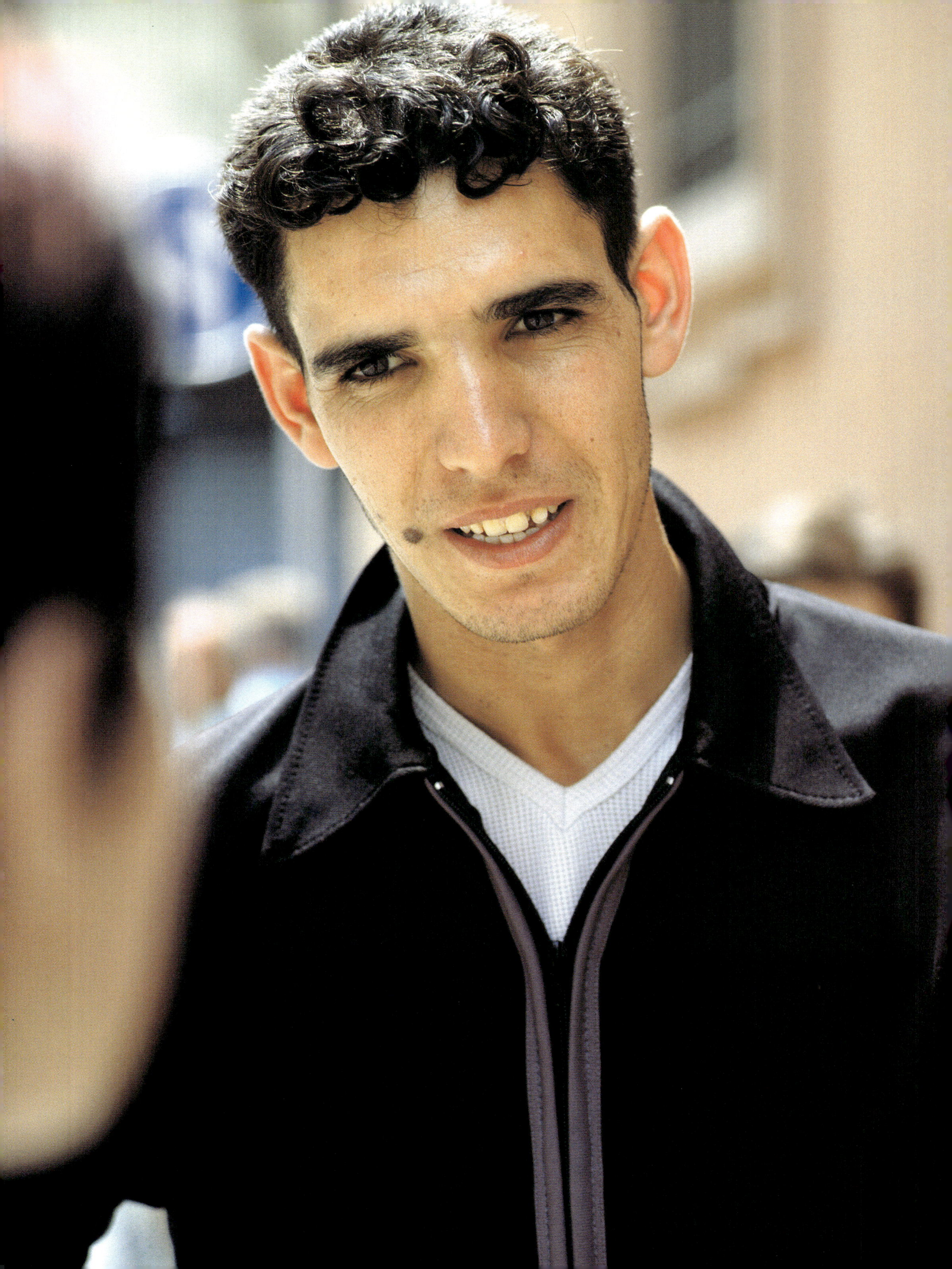

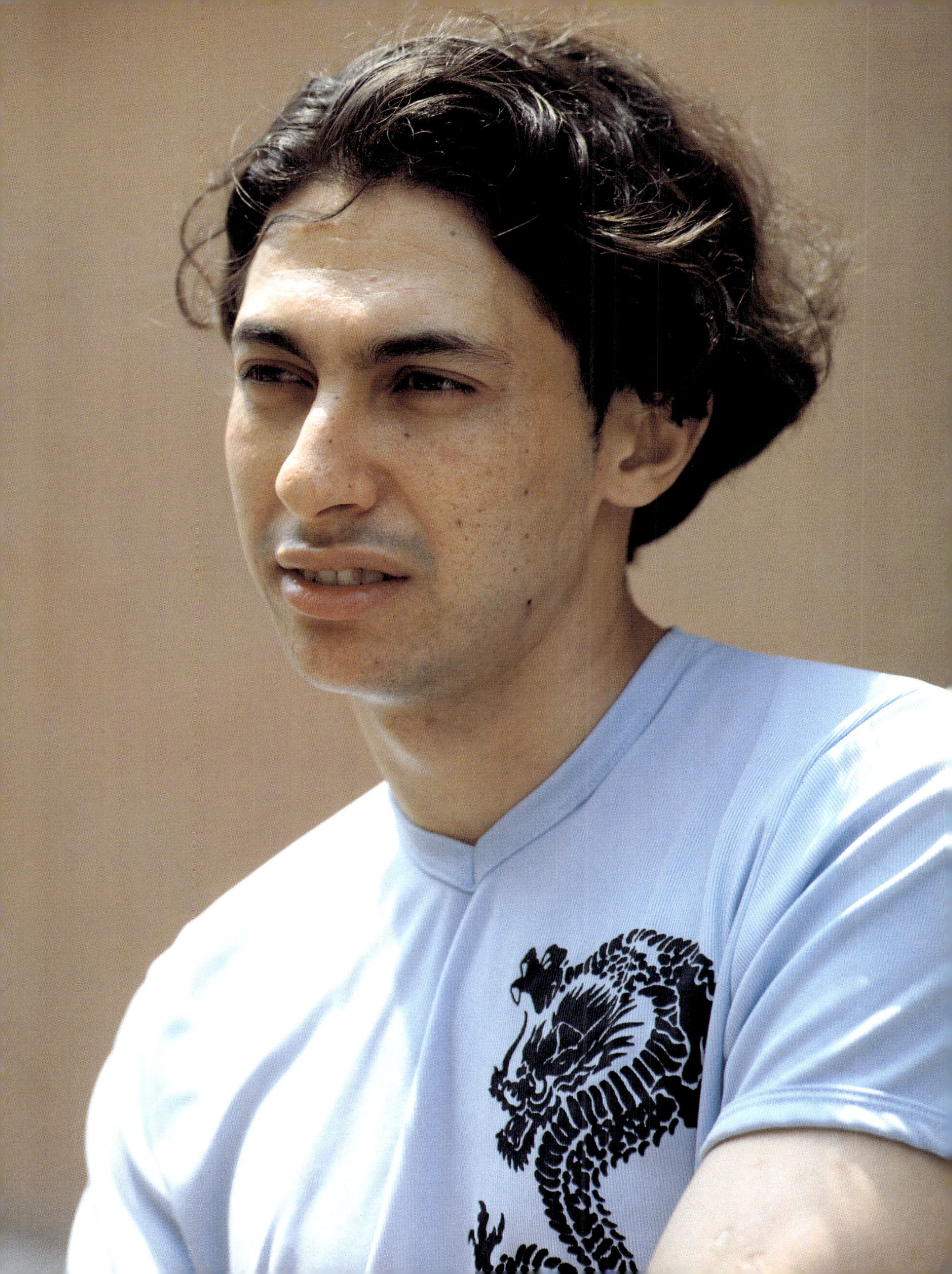

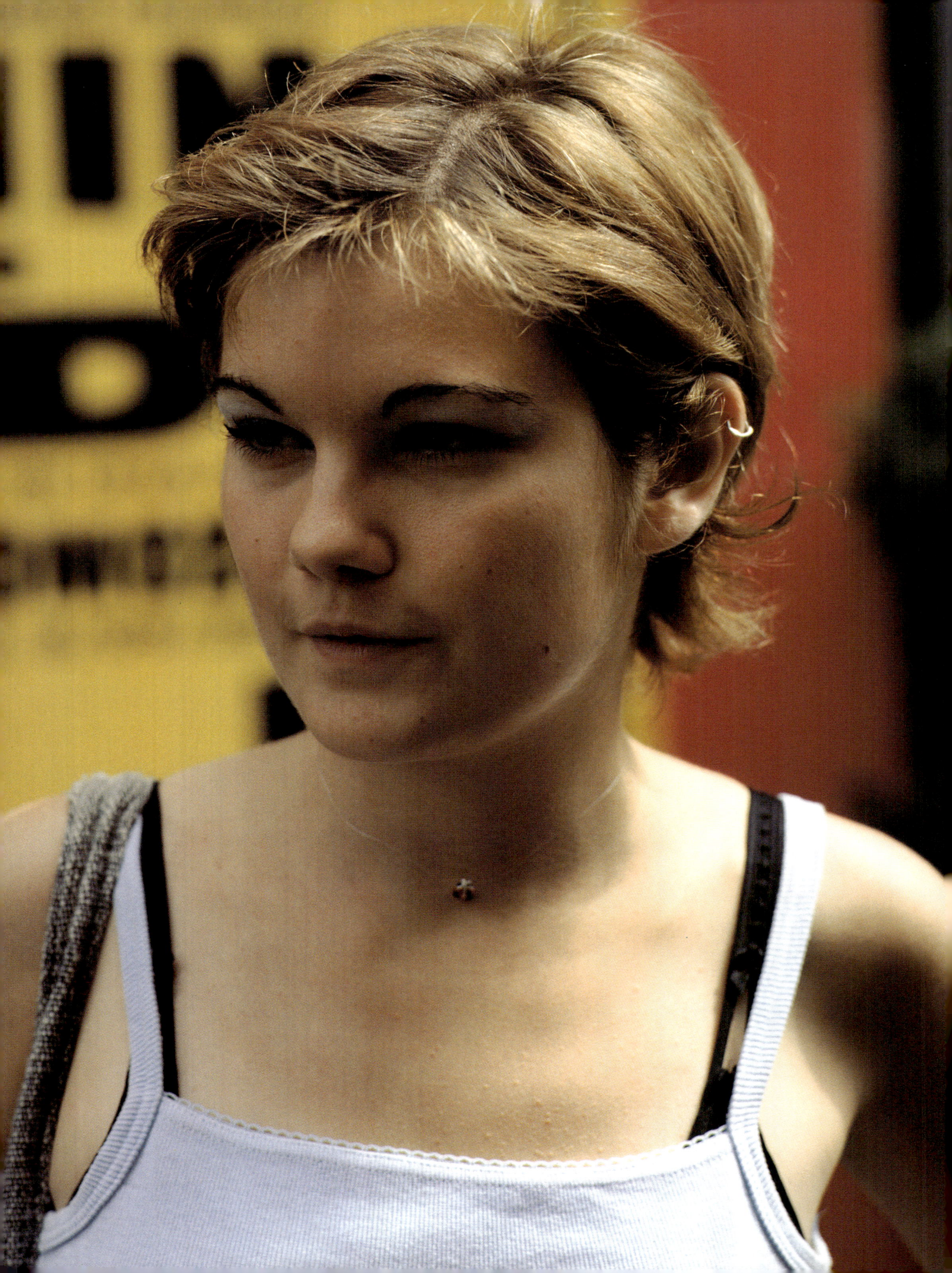

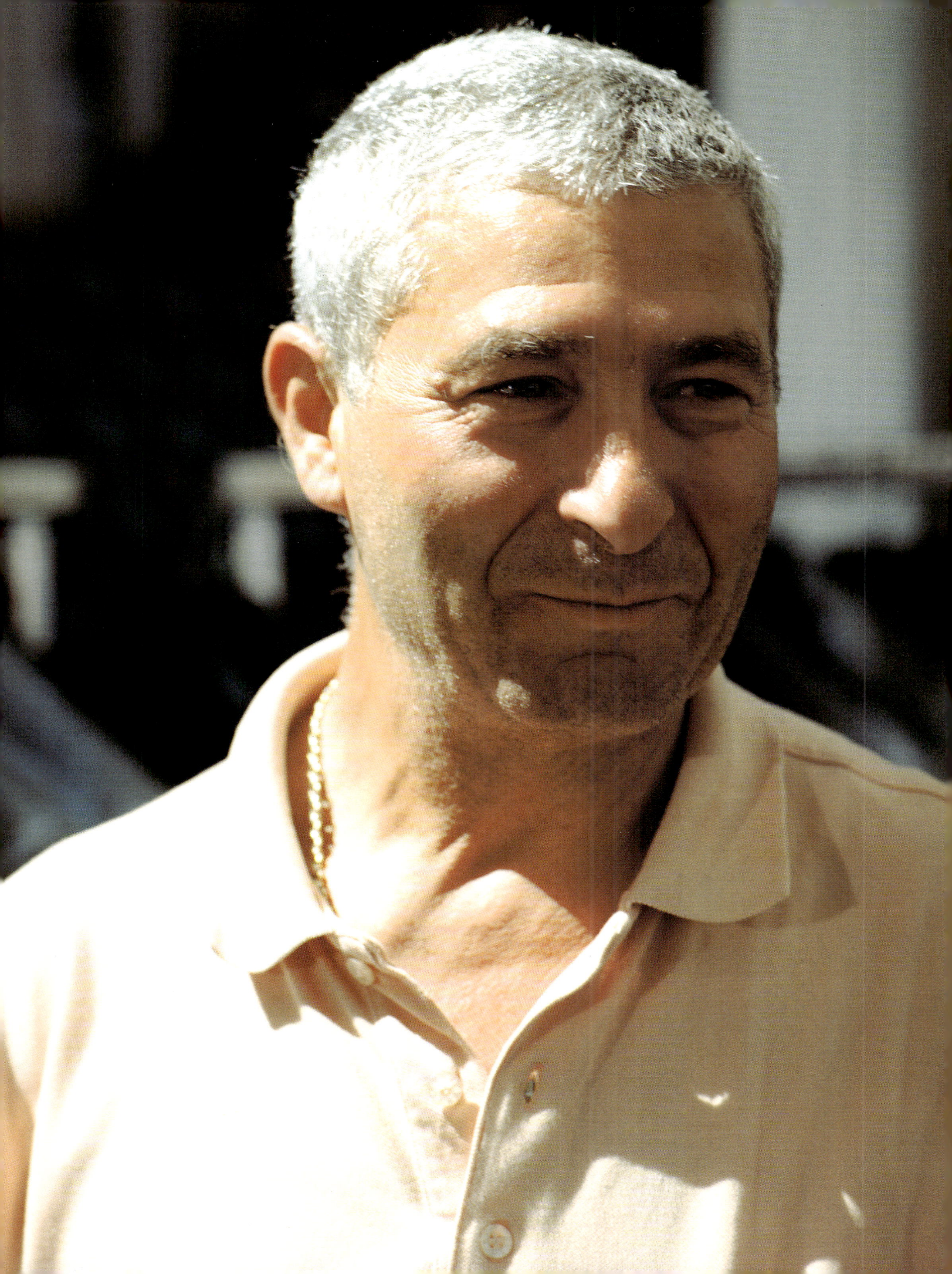

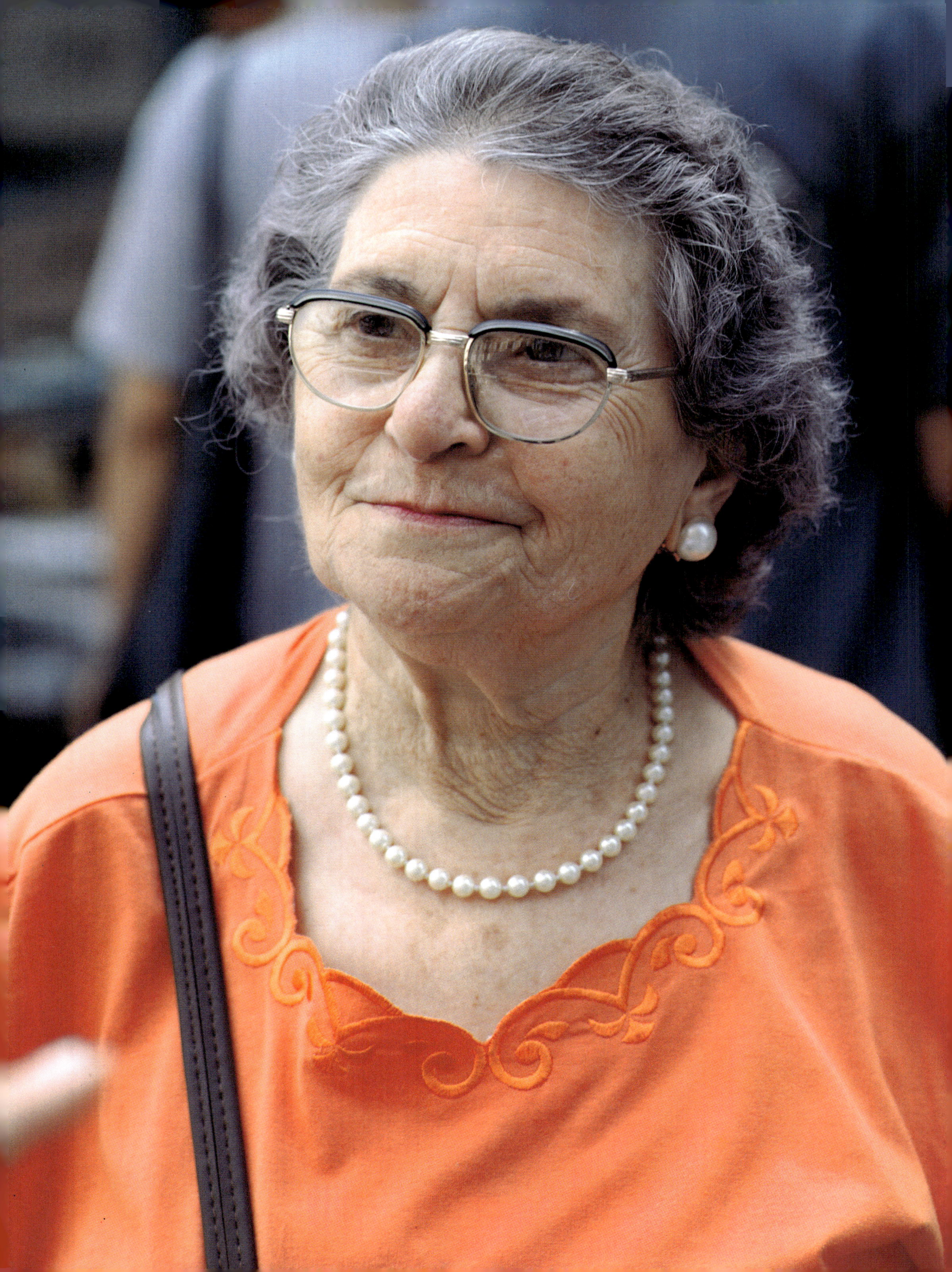

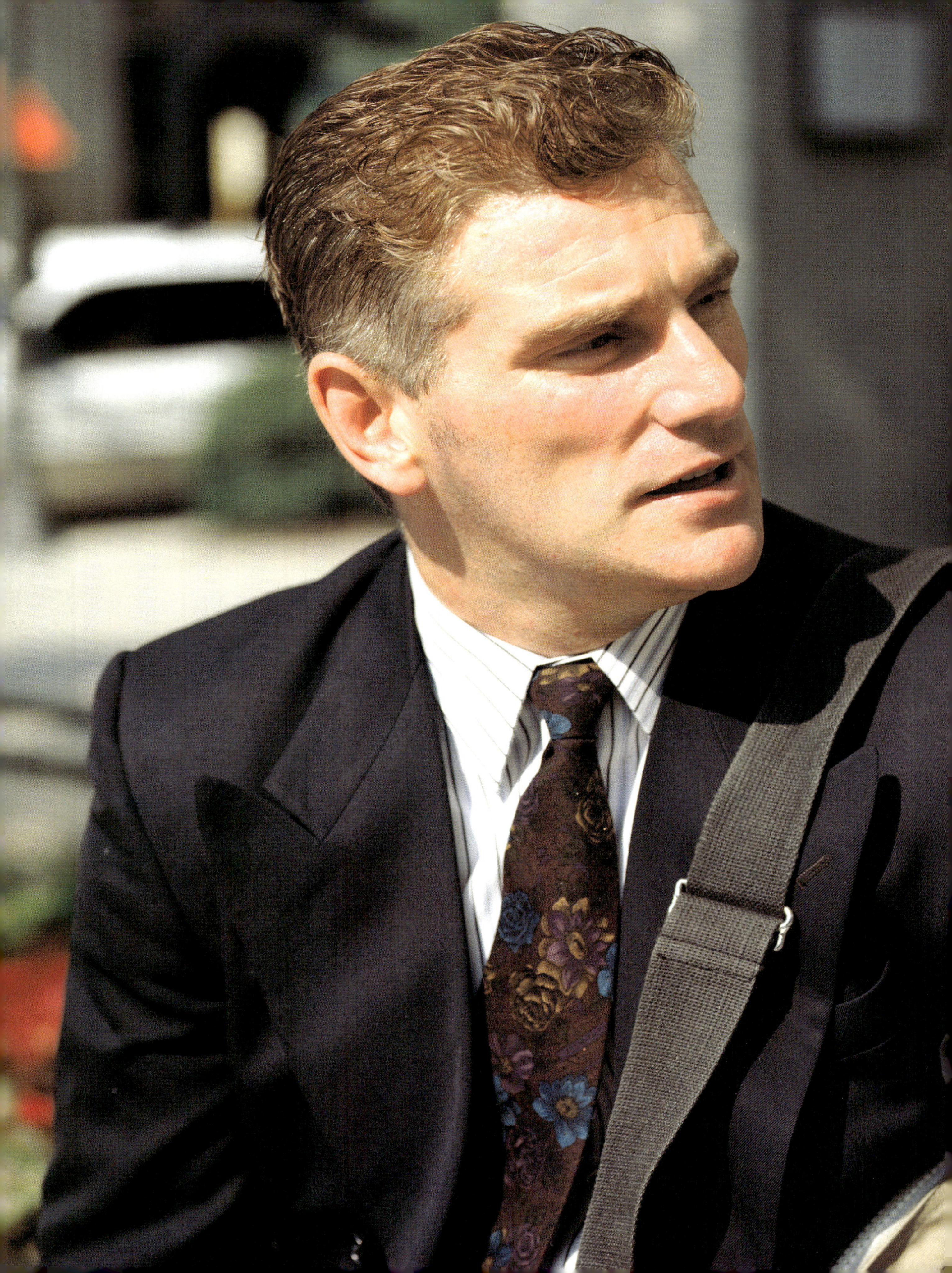

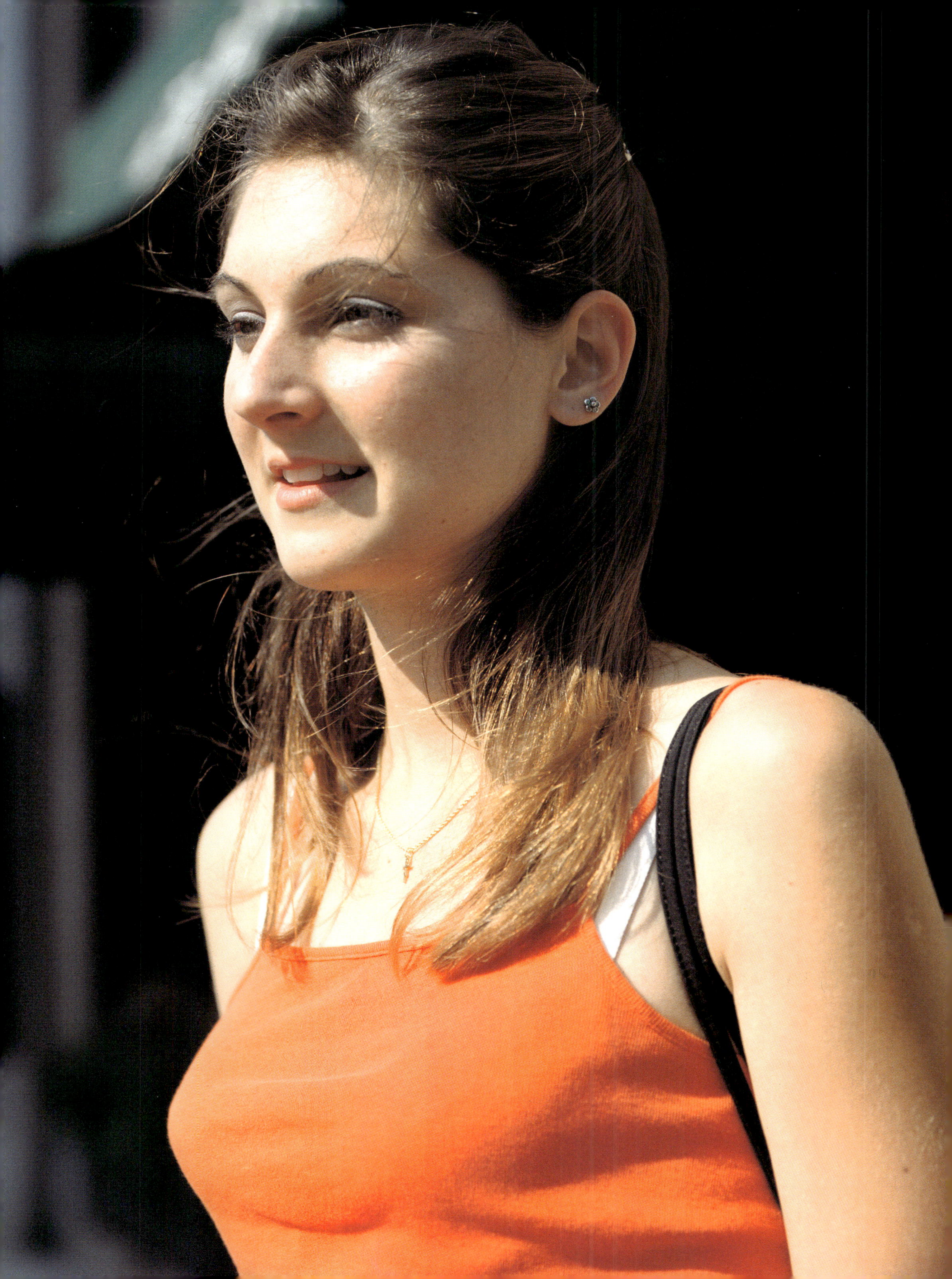

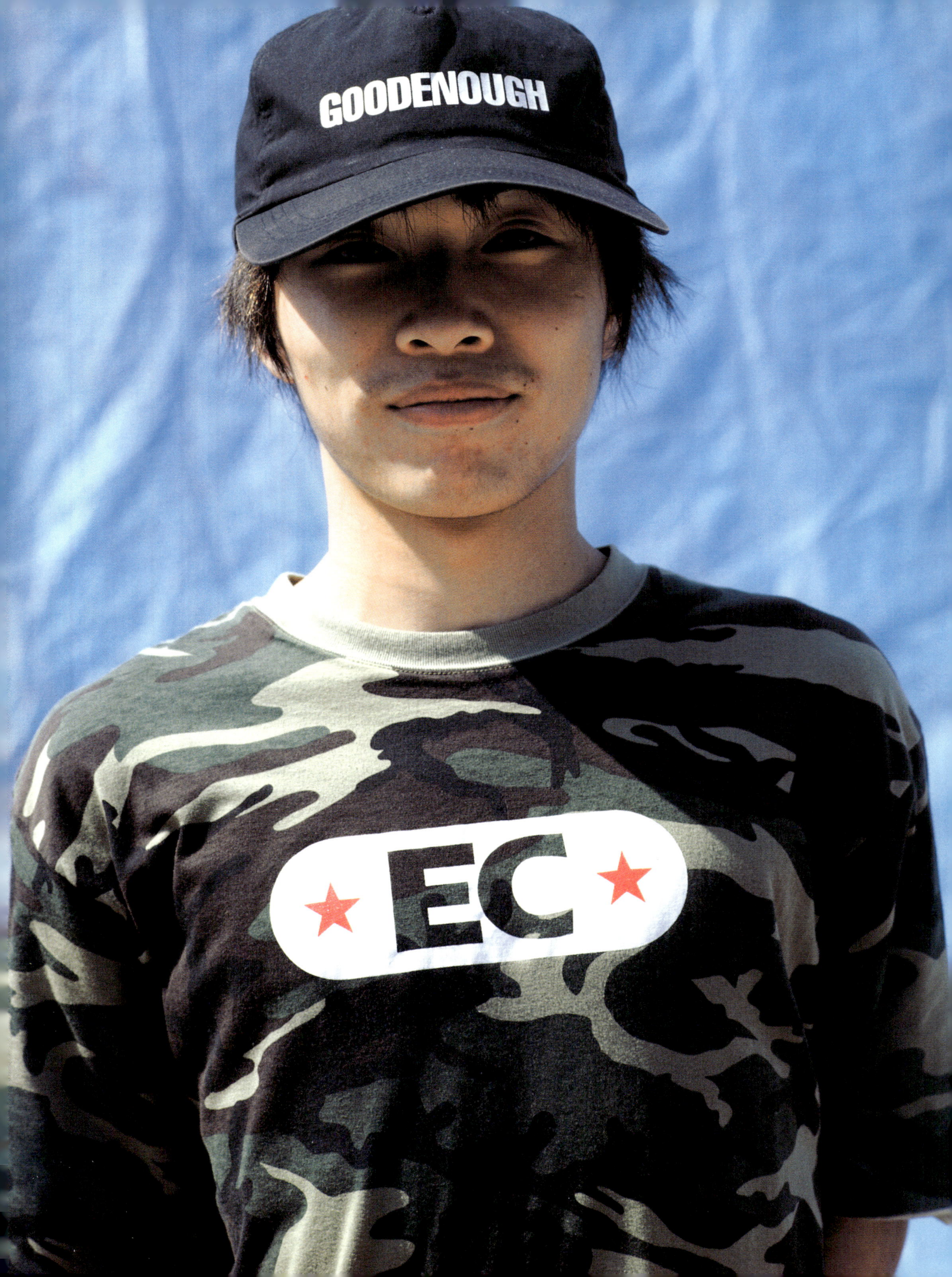
GOODENOUGH
EC

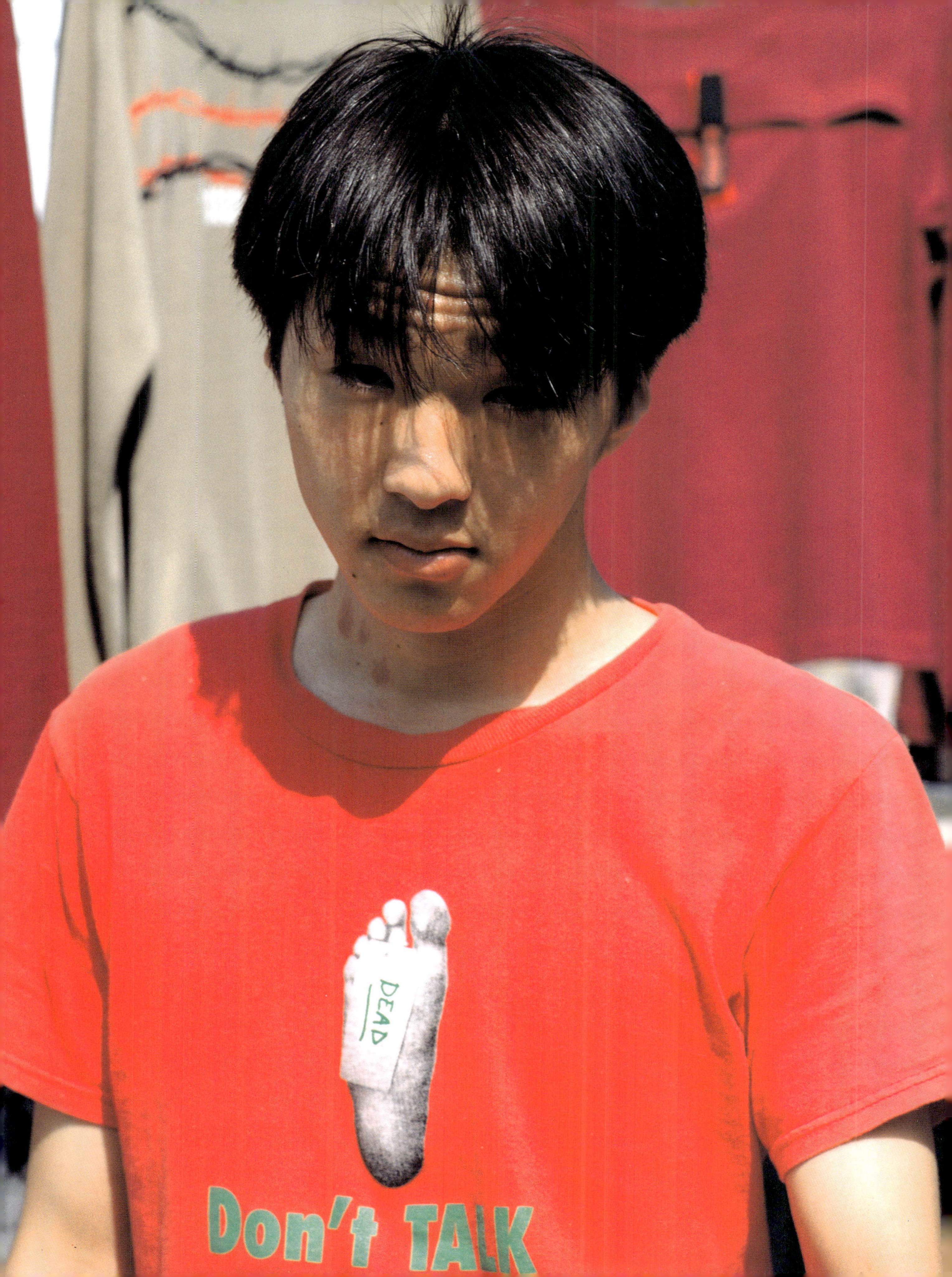

DEAD
Don't TALK

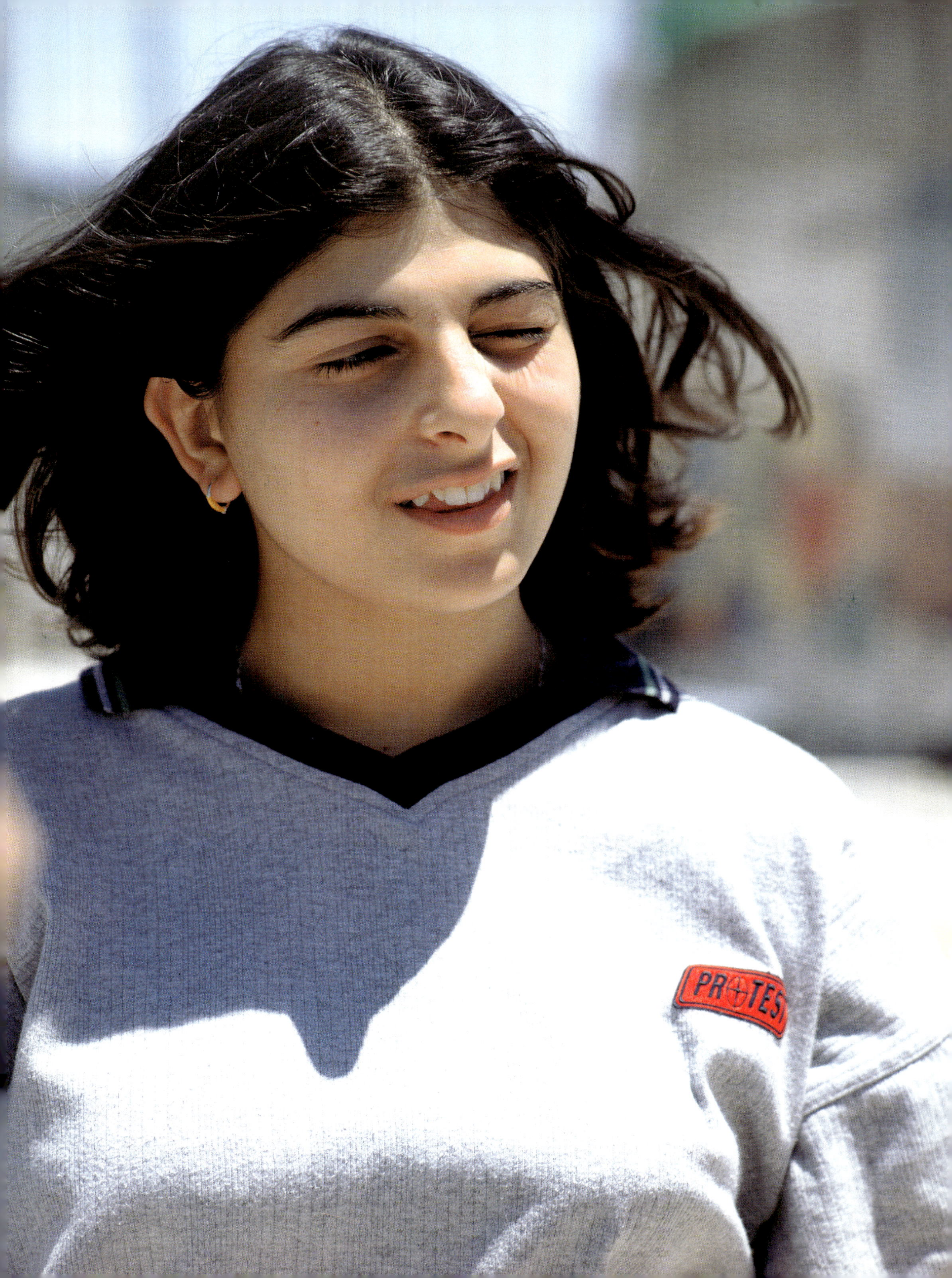
PROTES

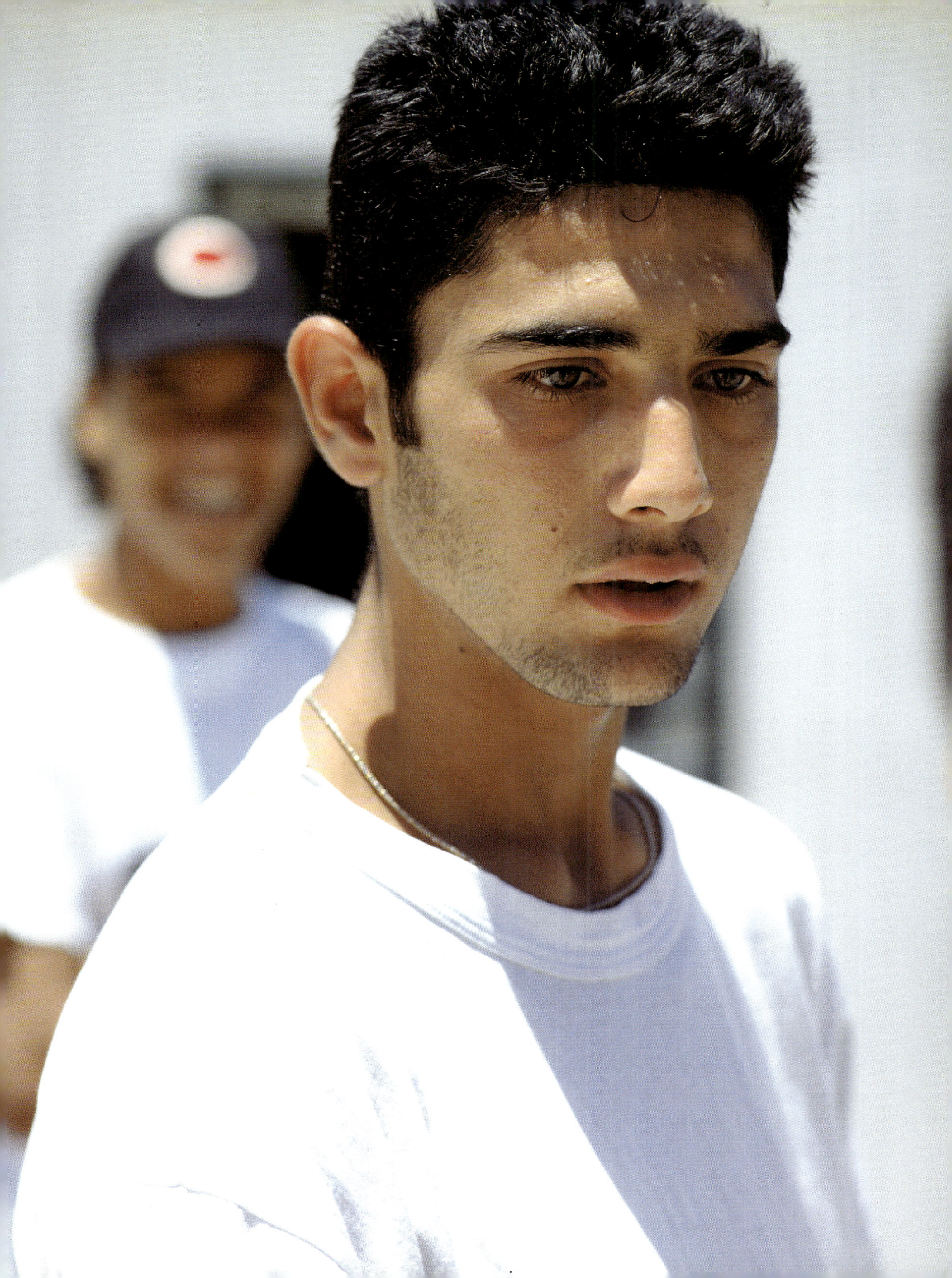

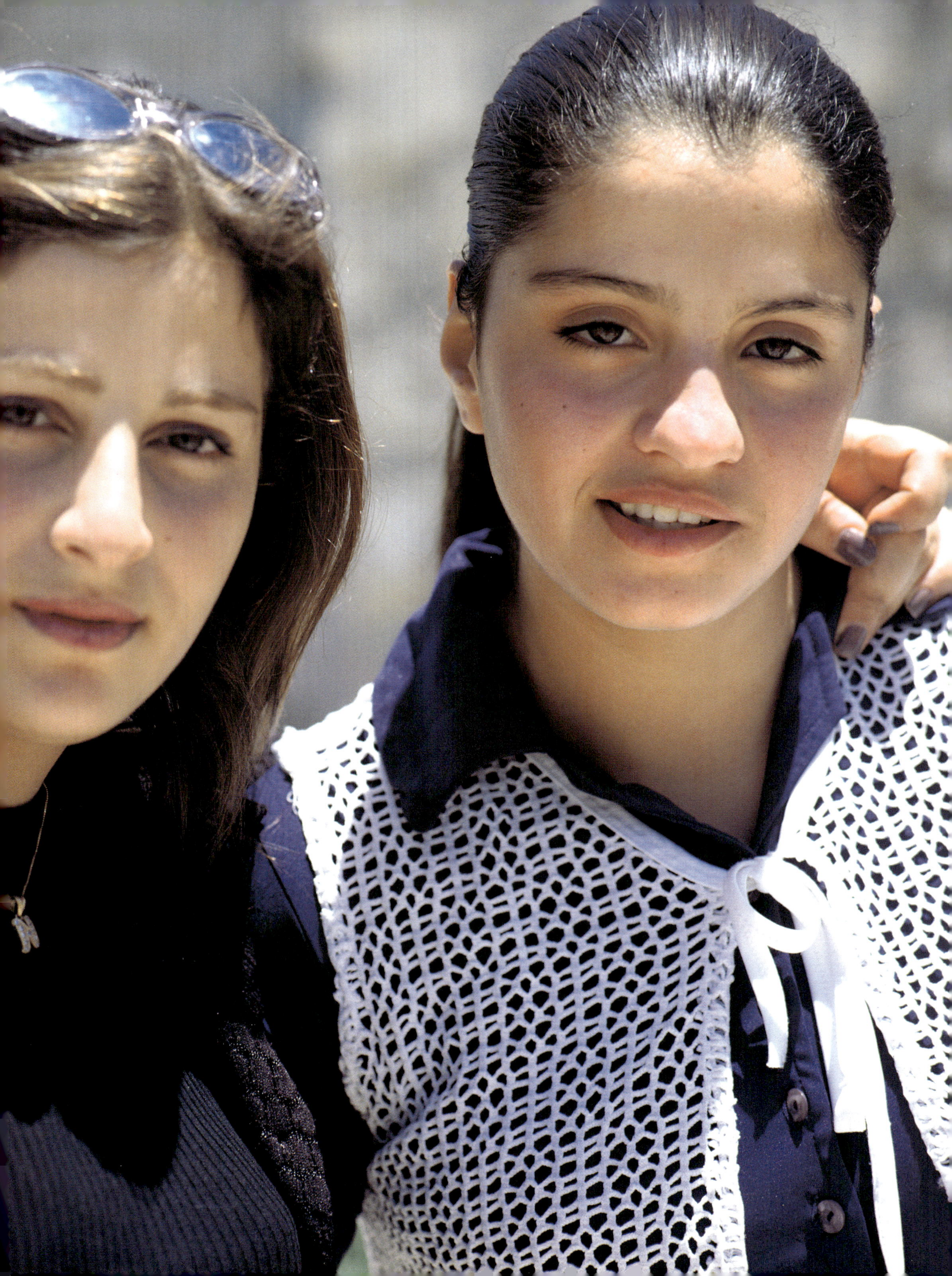

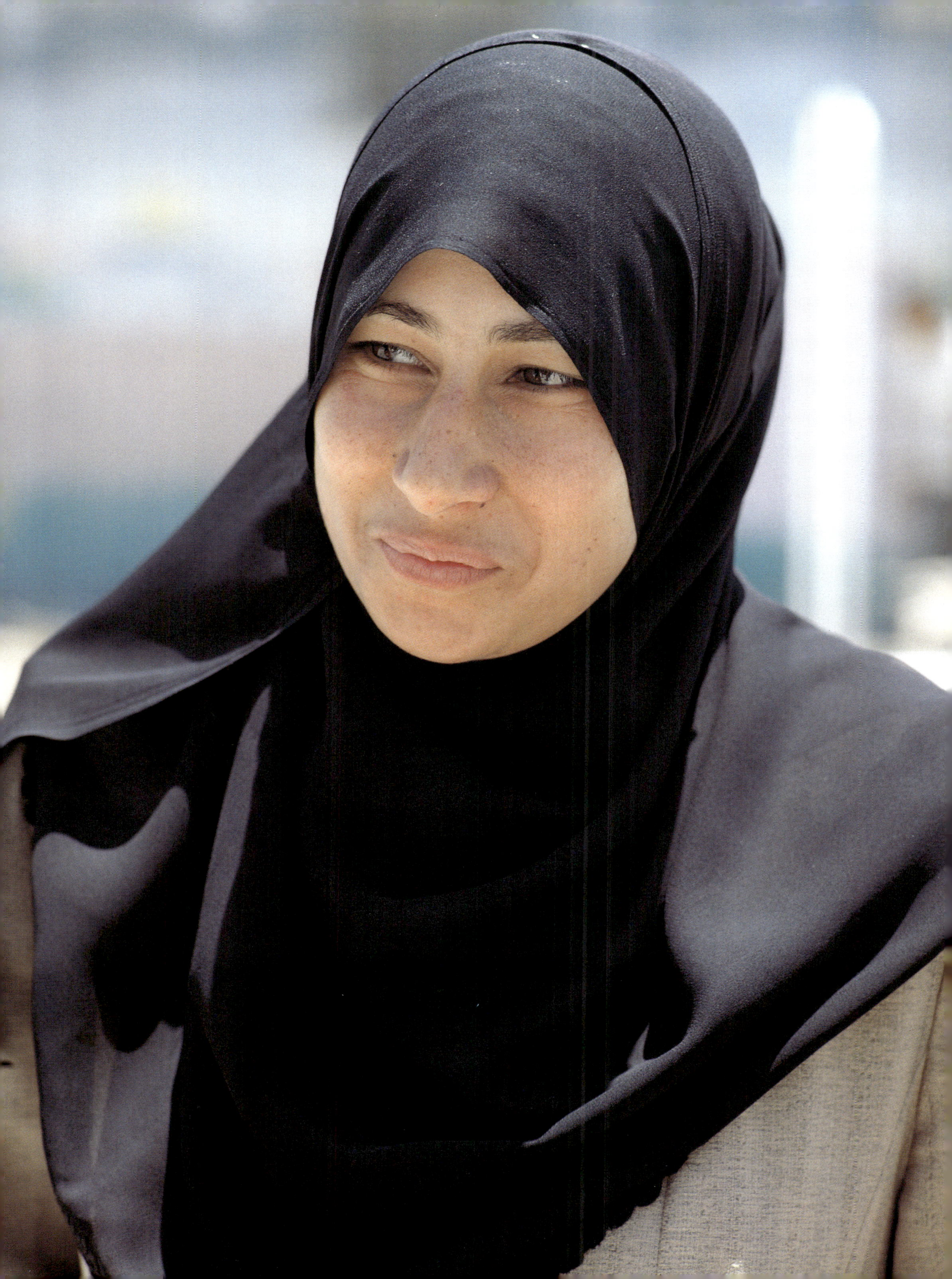

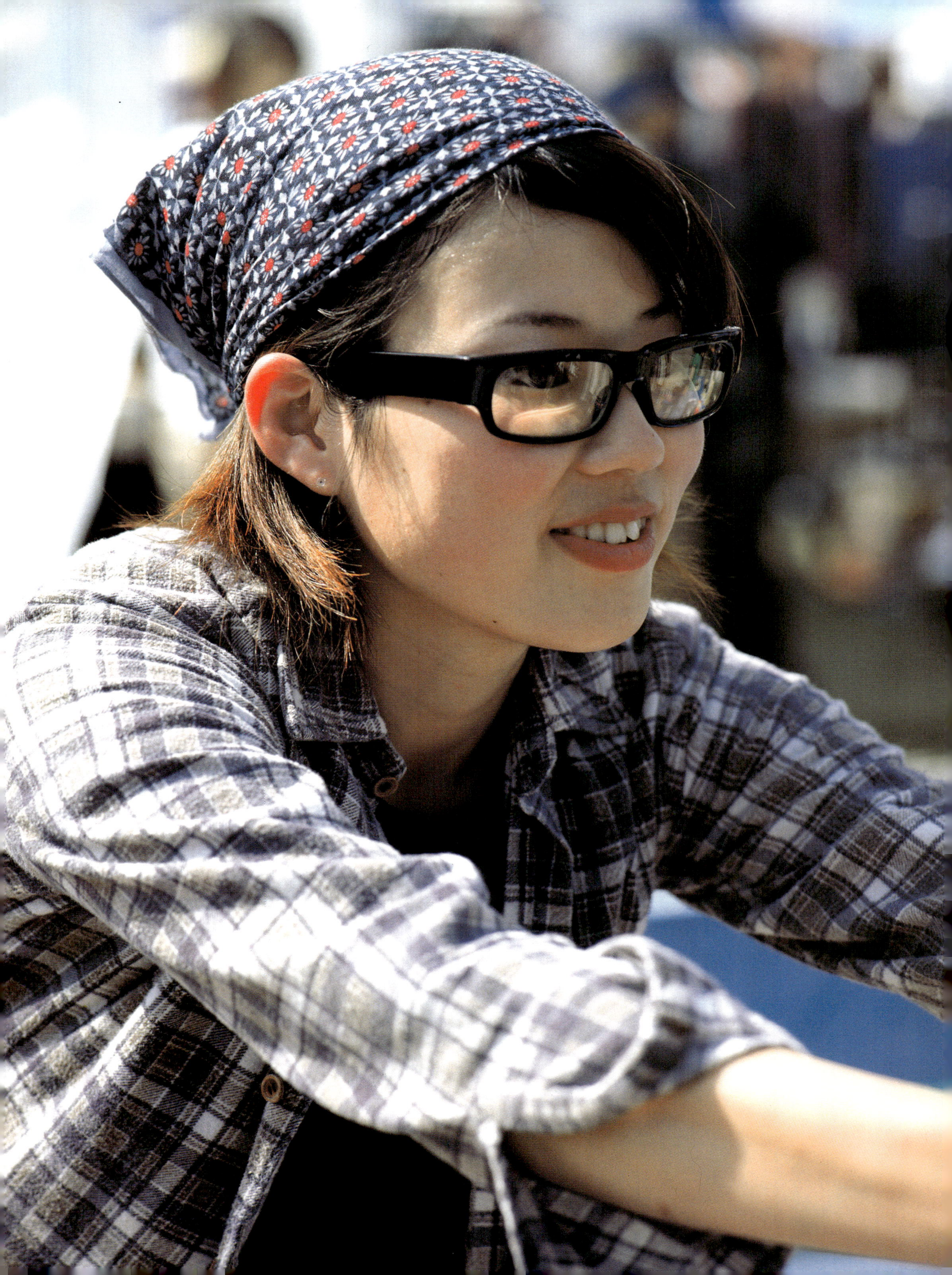

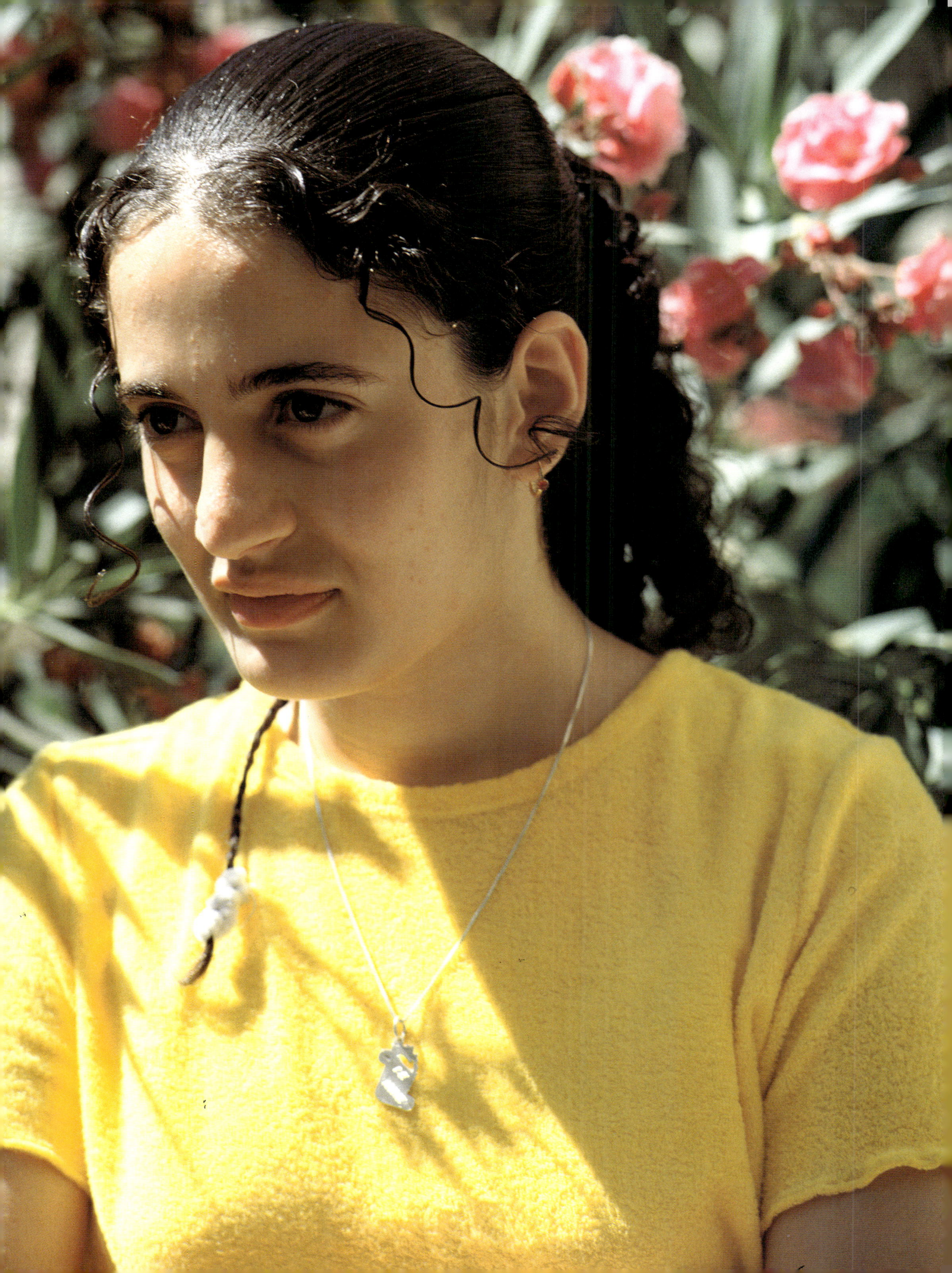

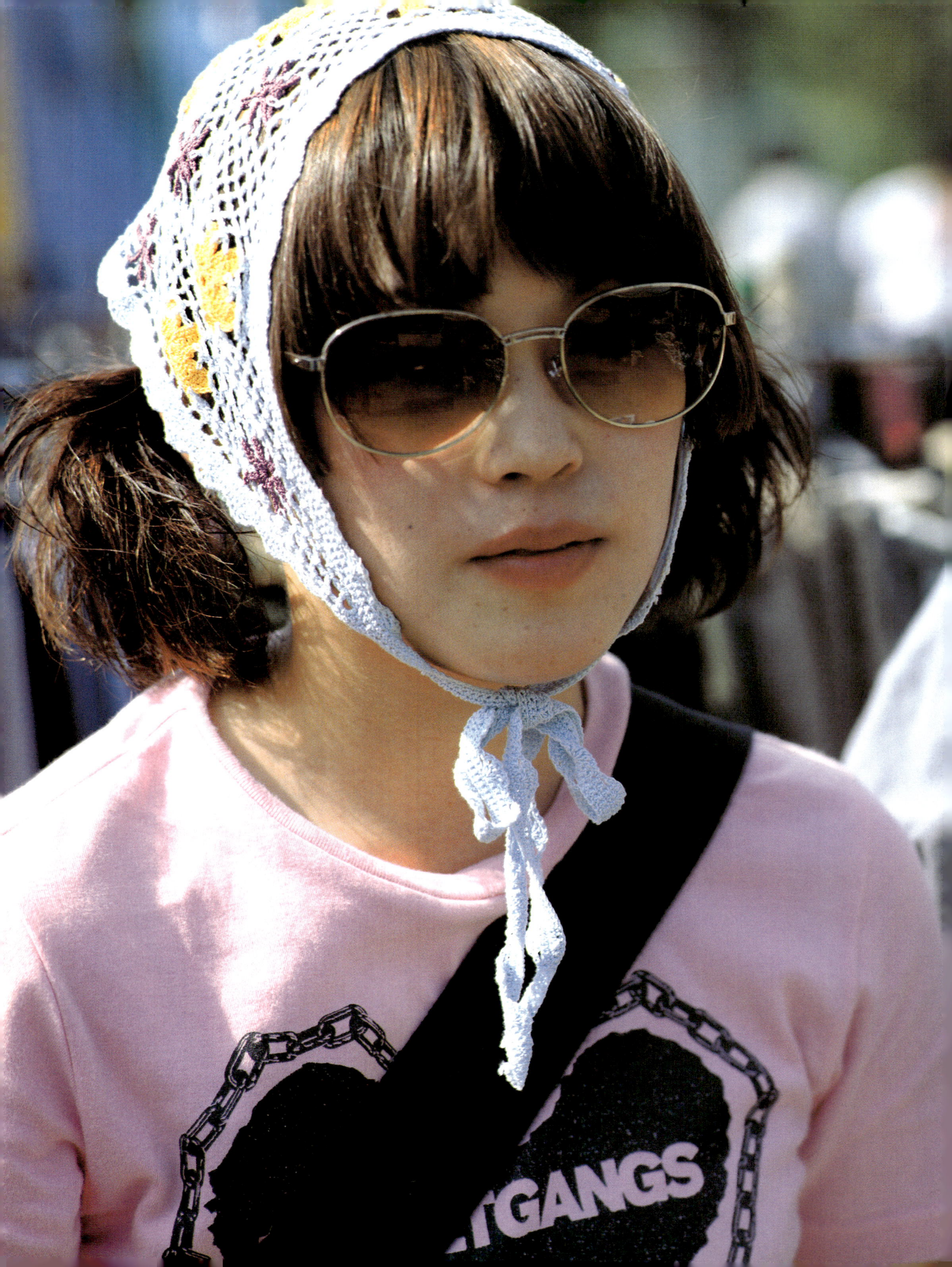
TGANGS

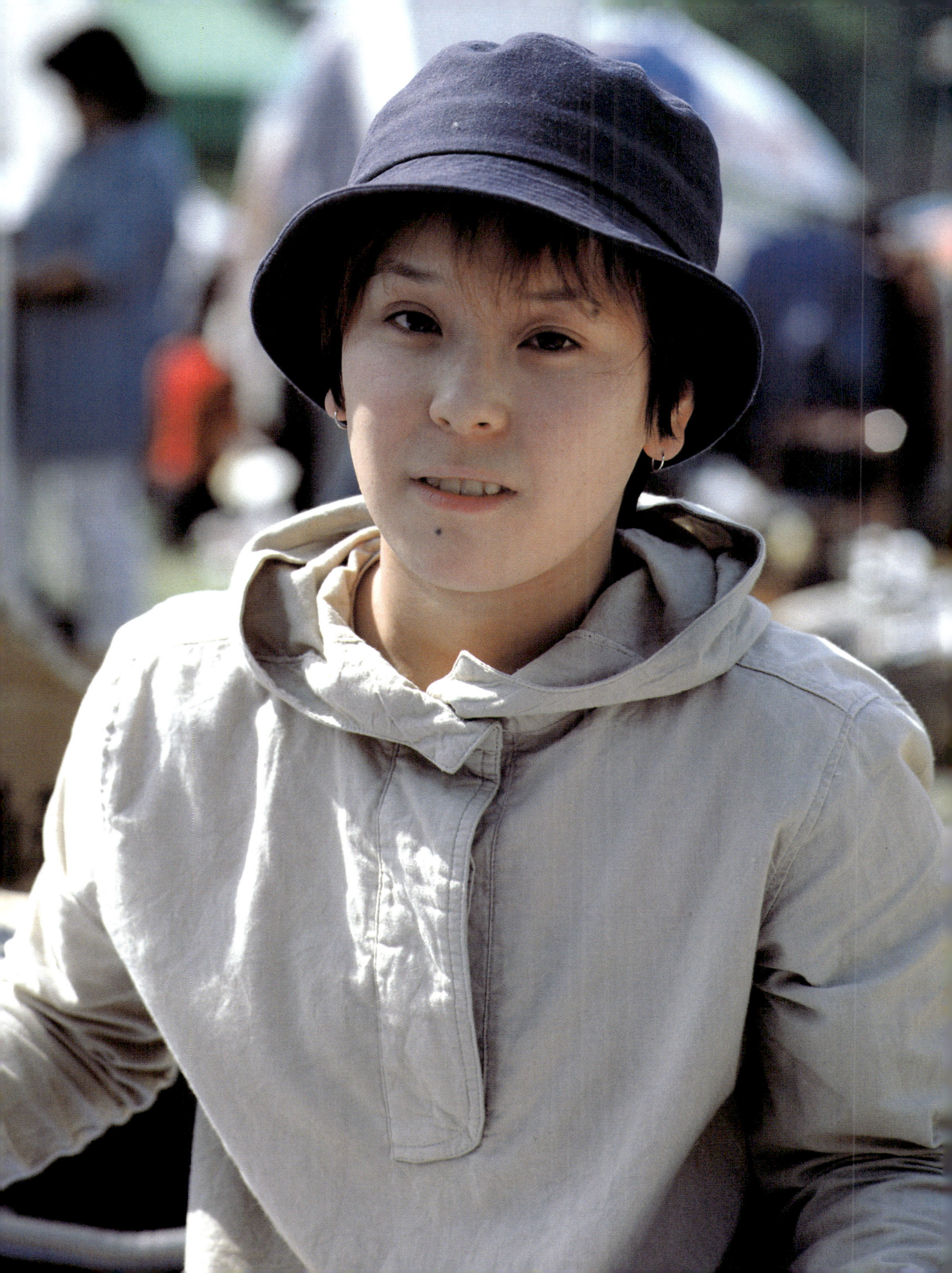

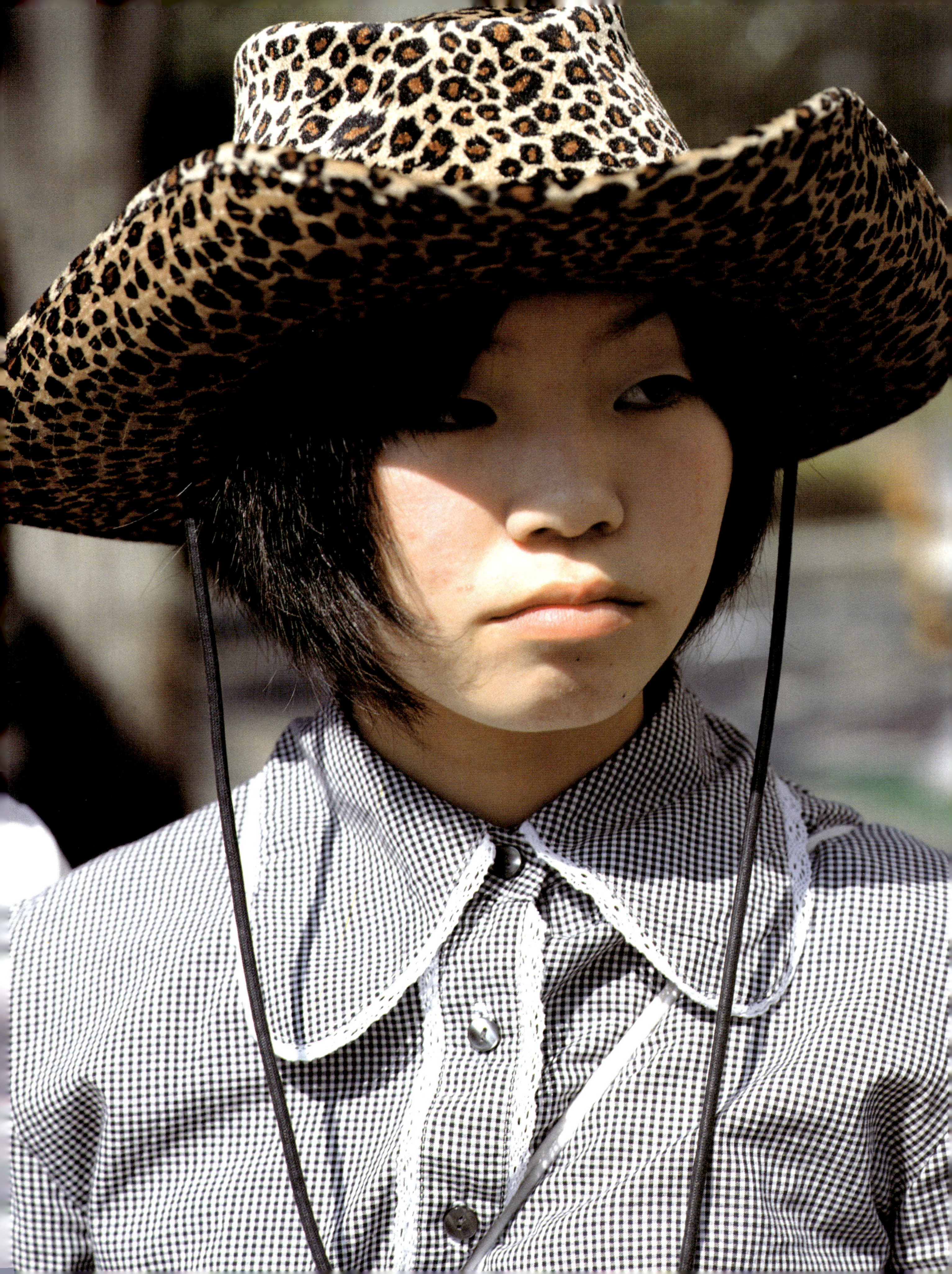

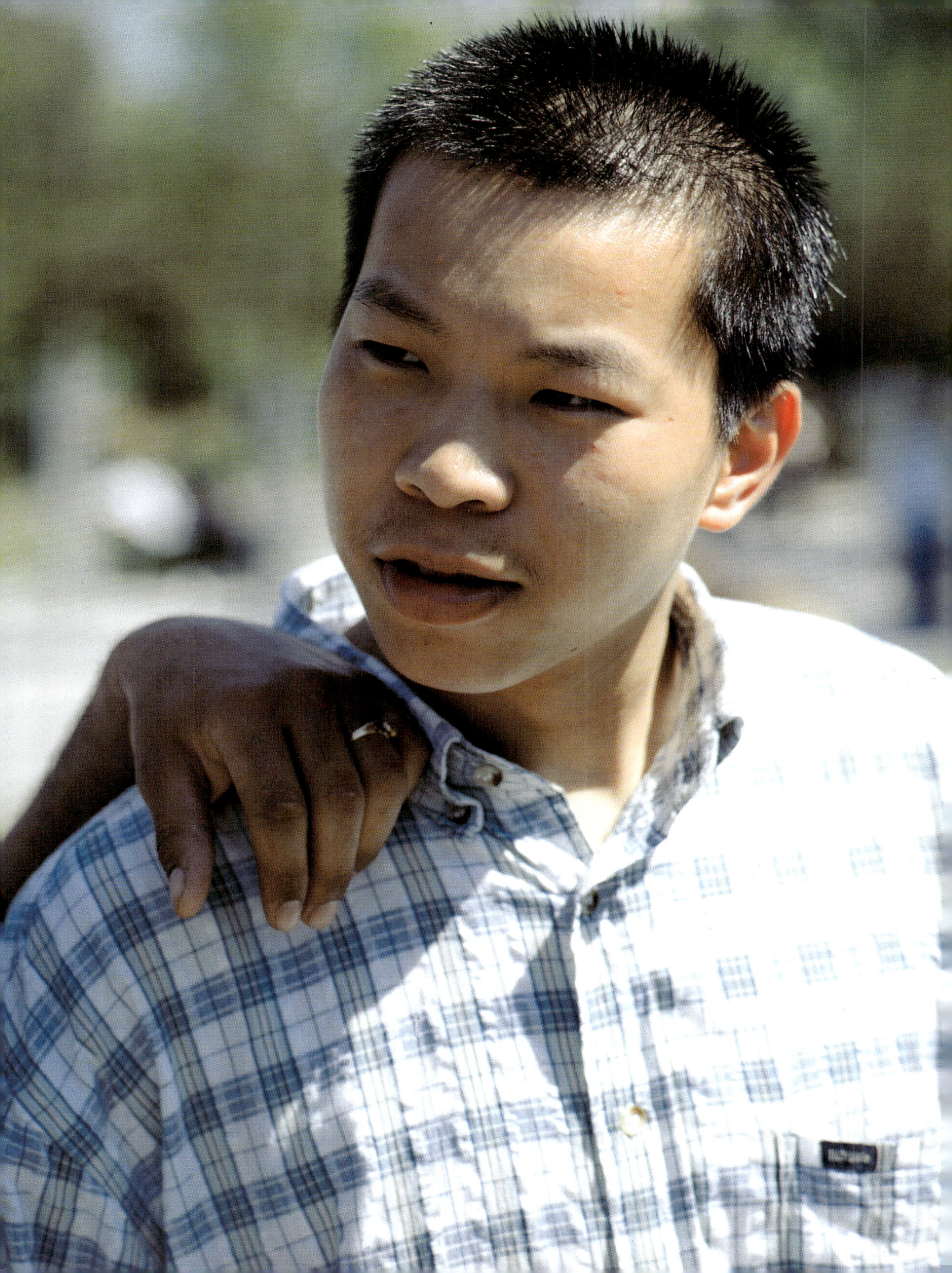

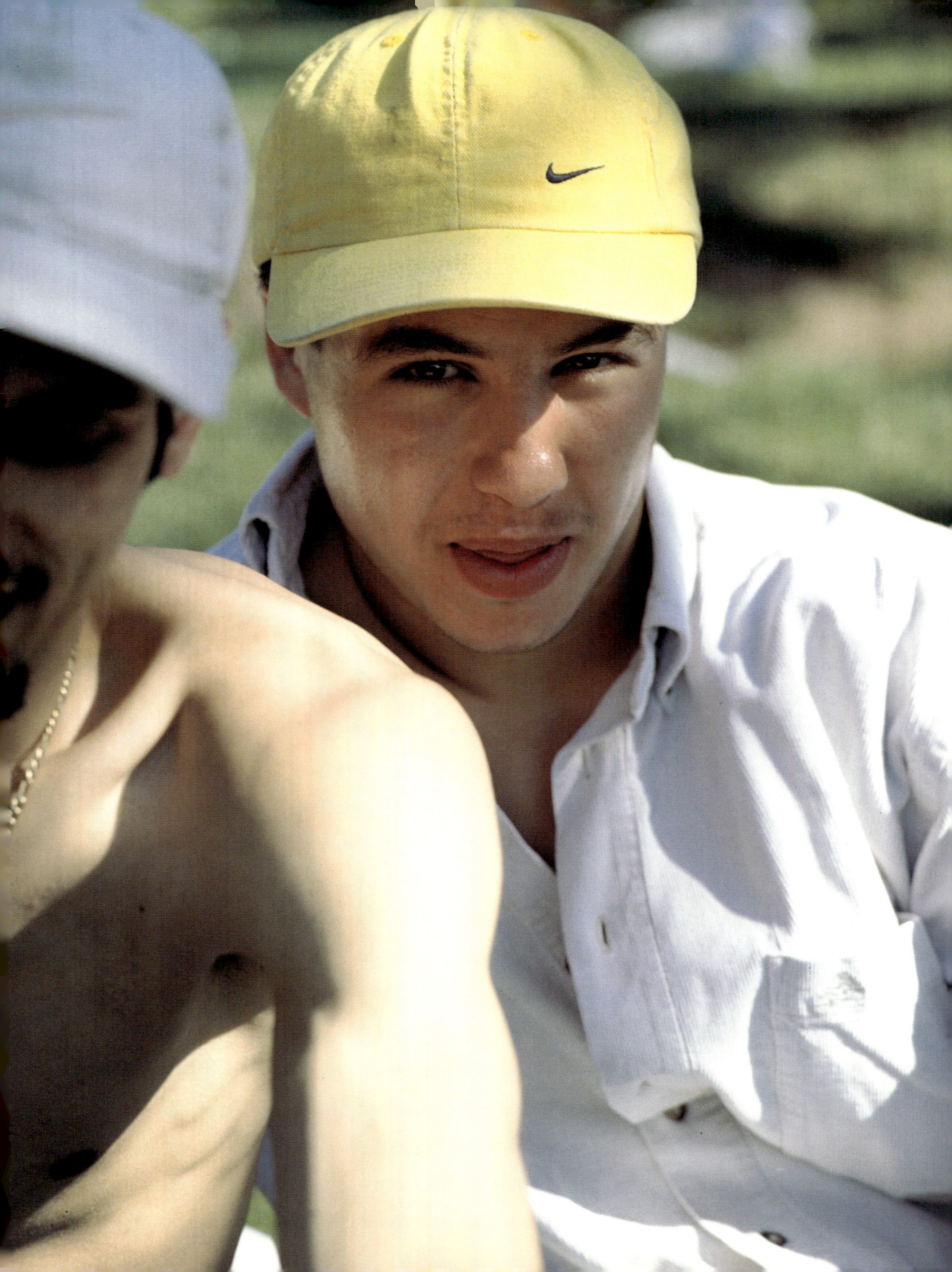

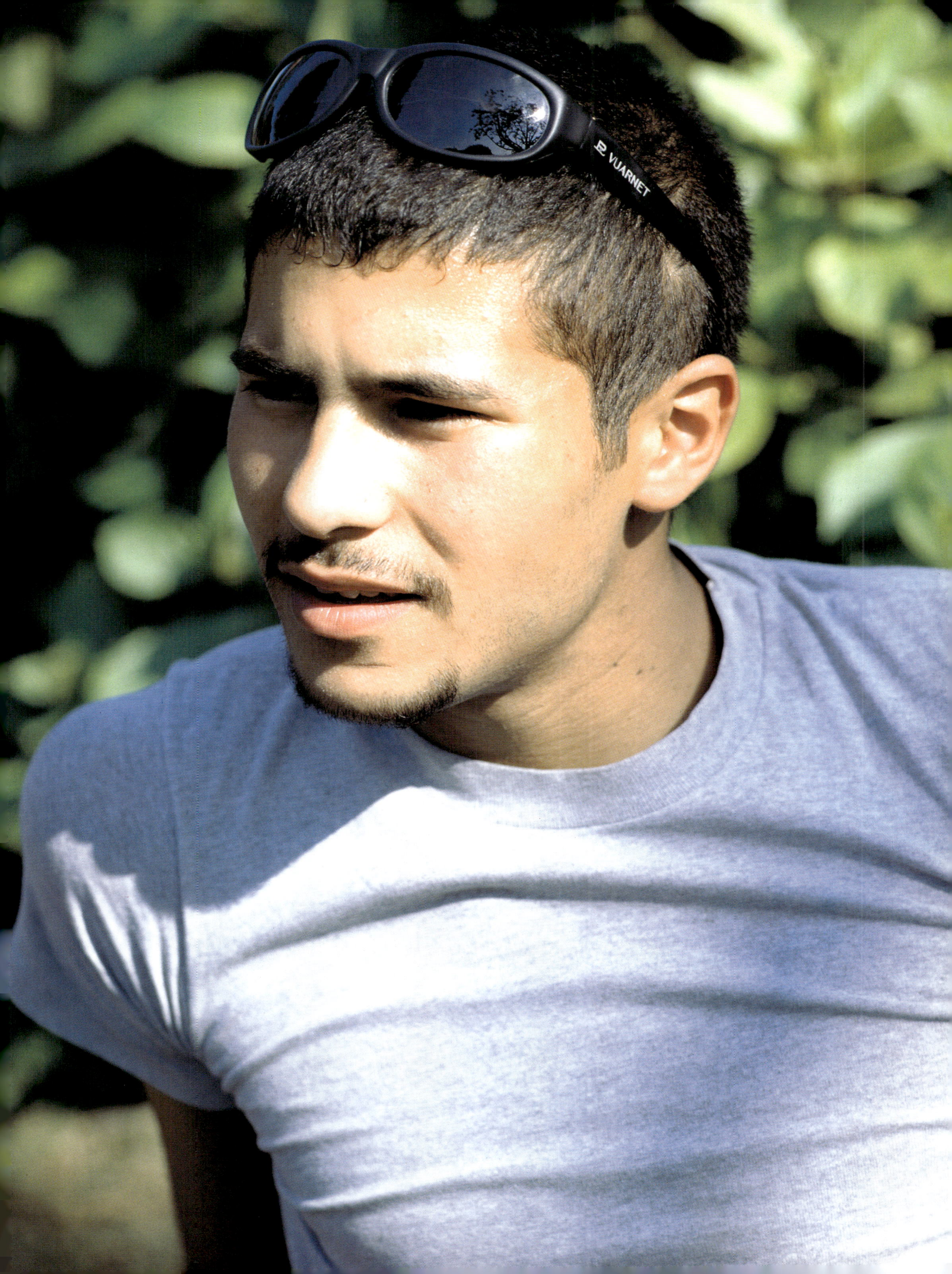

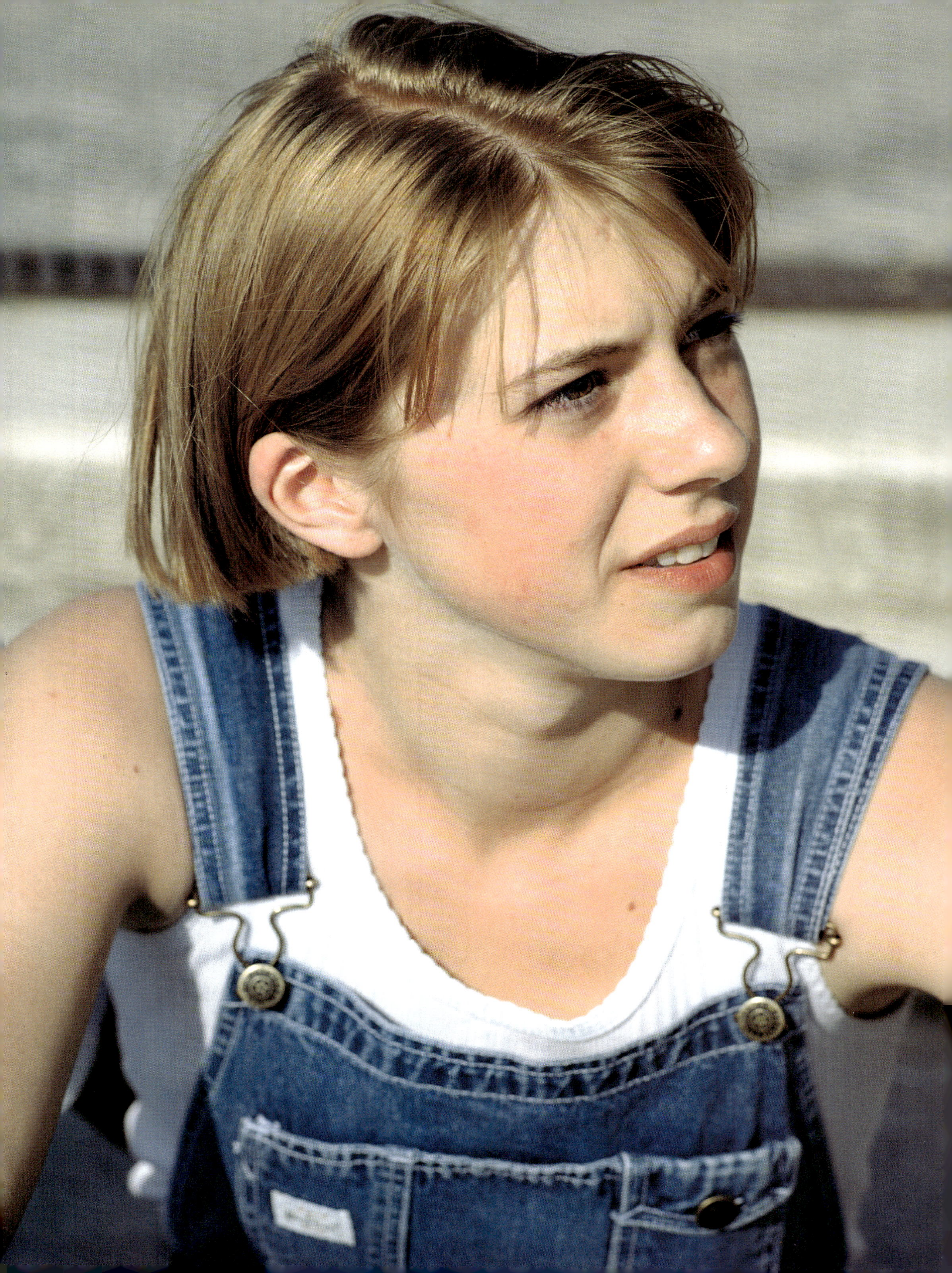

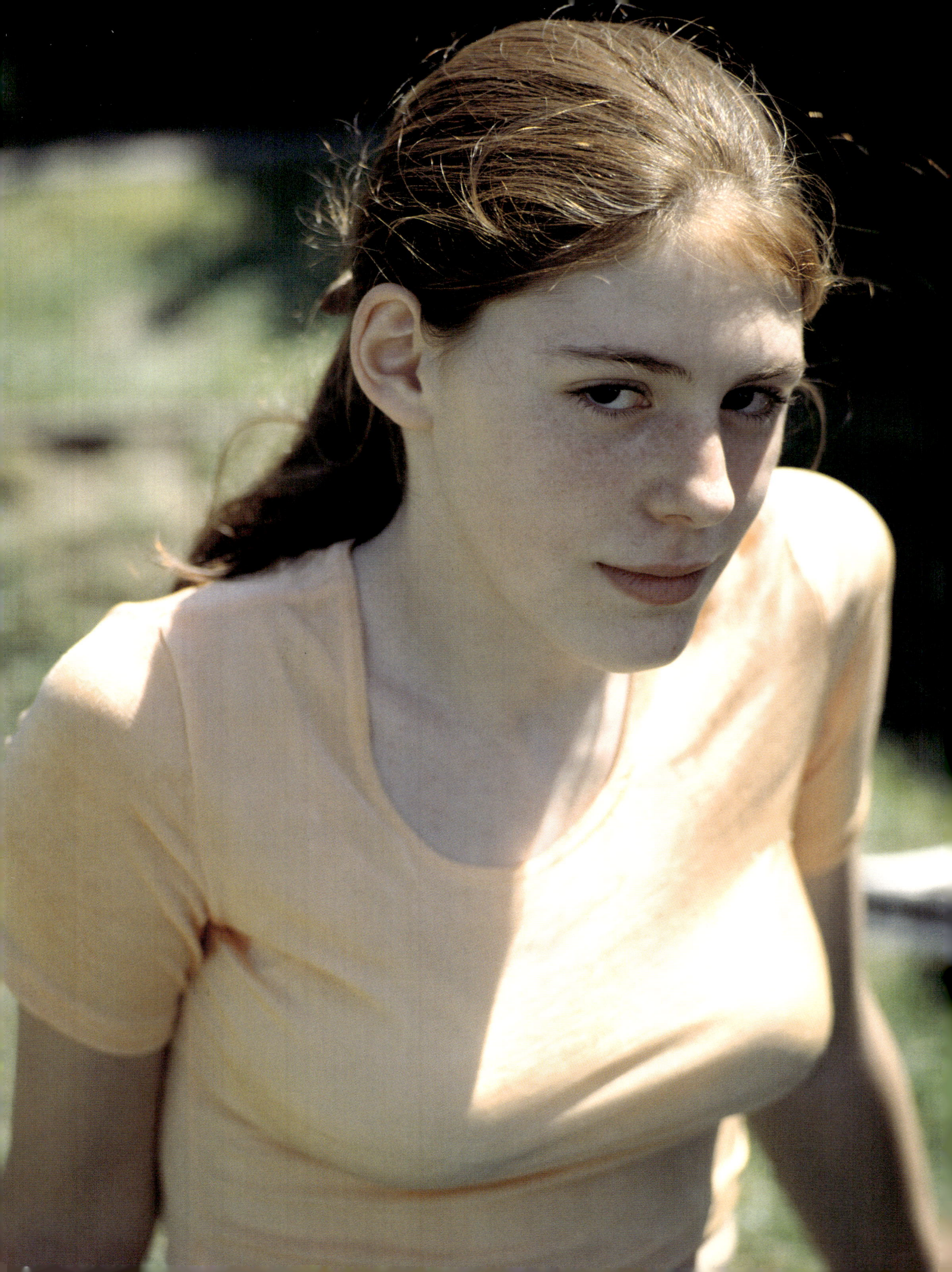

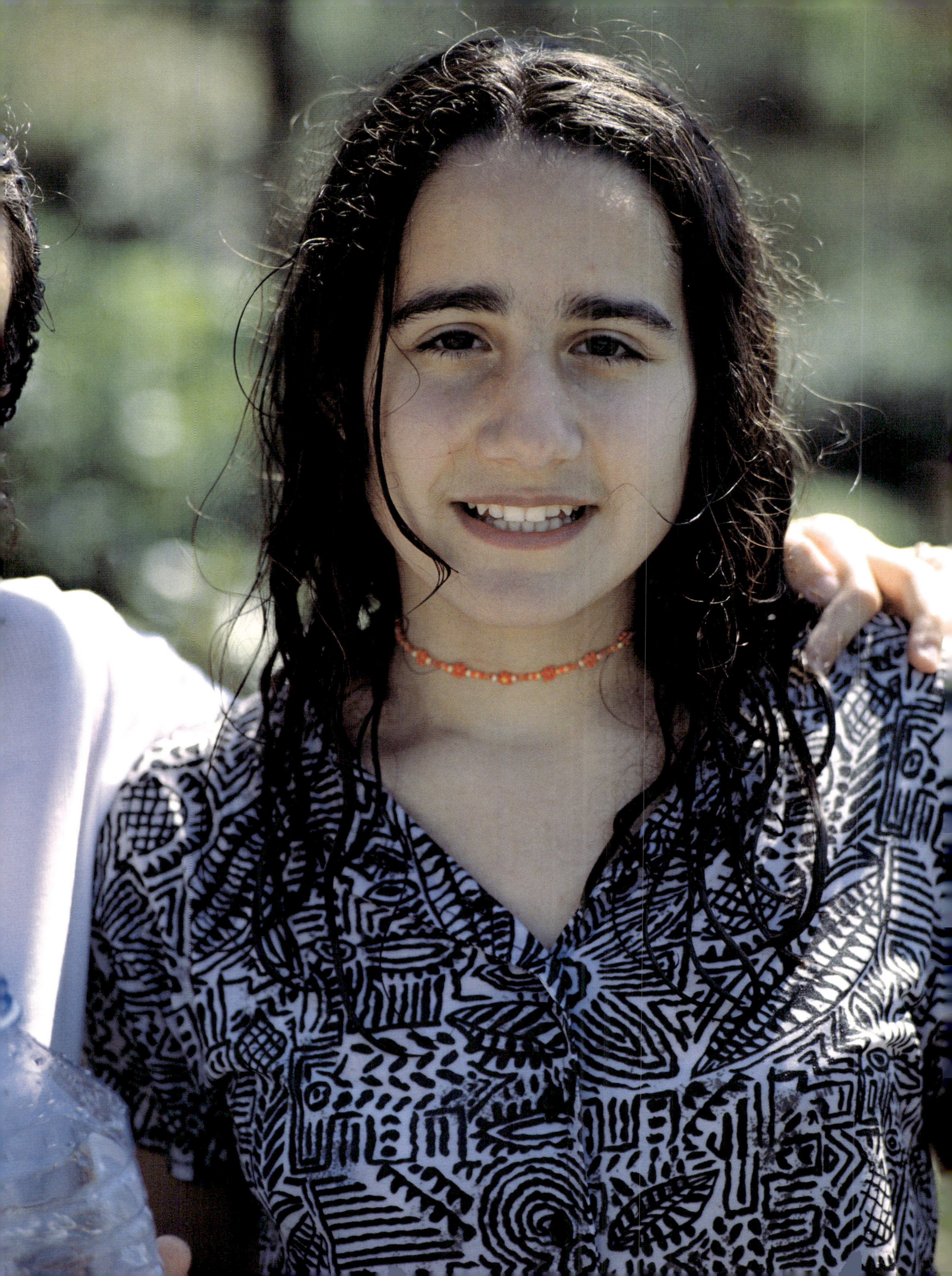

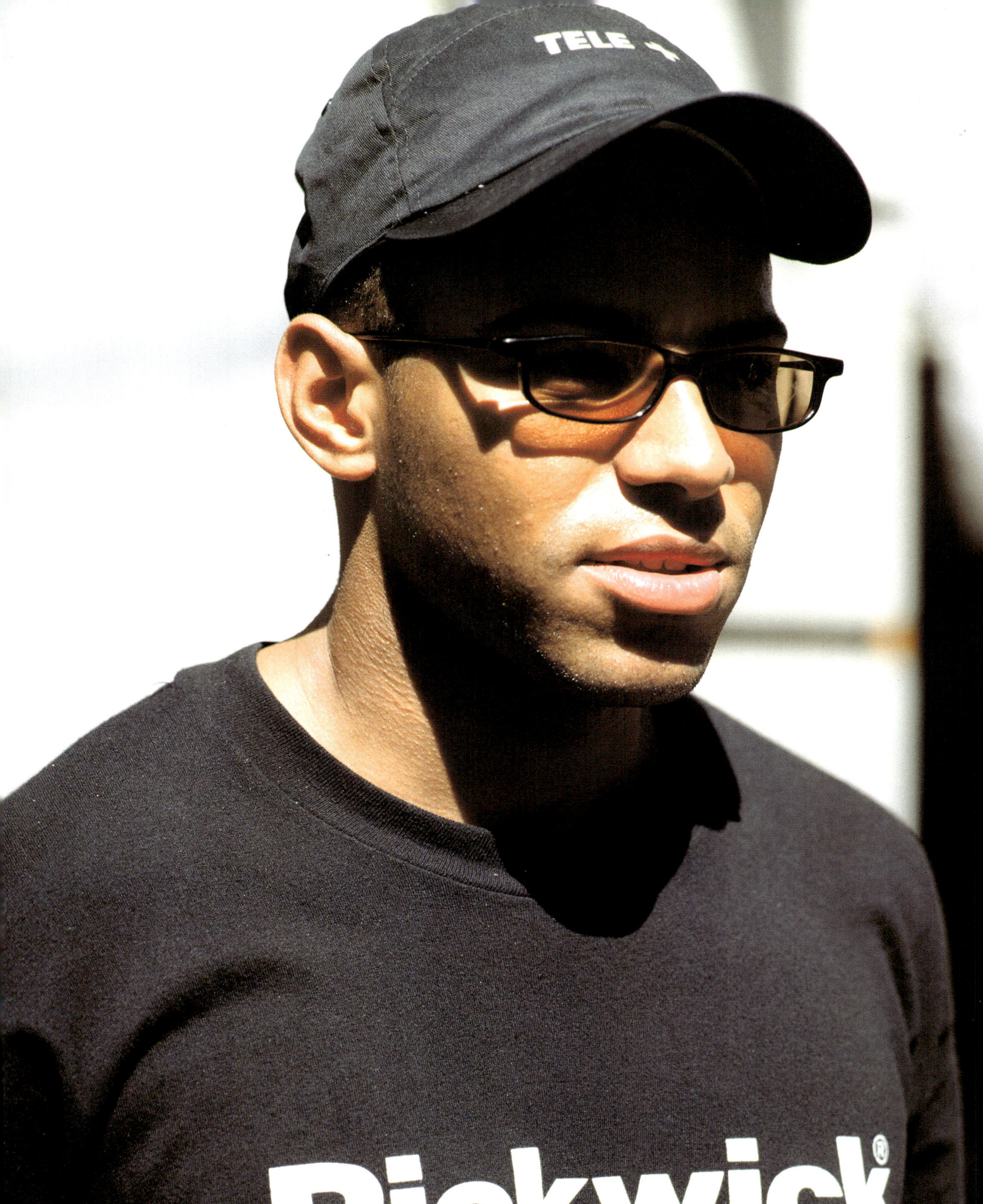

TELE +
Pickwick®
COLOUR GROUP

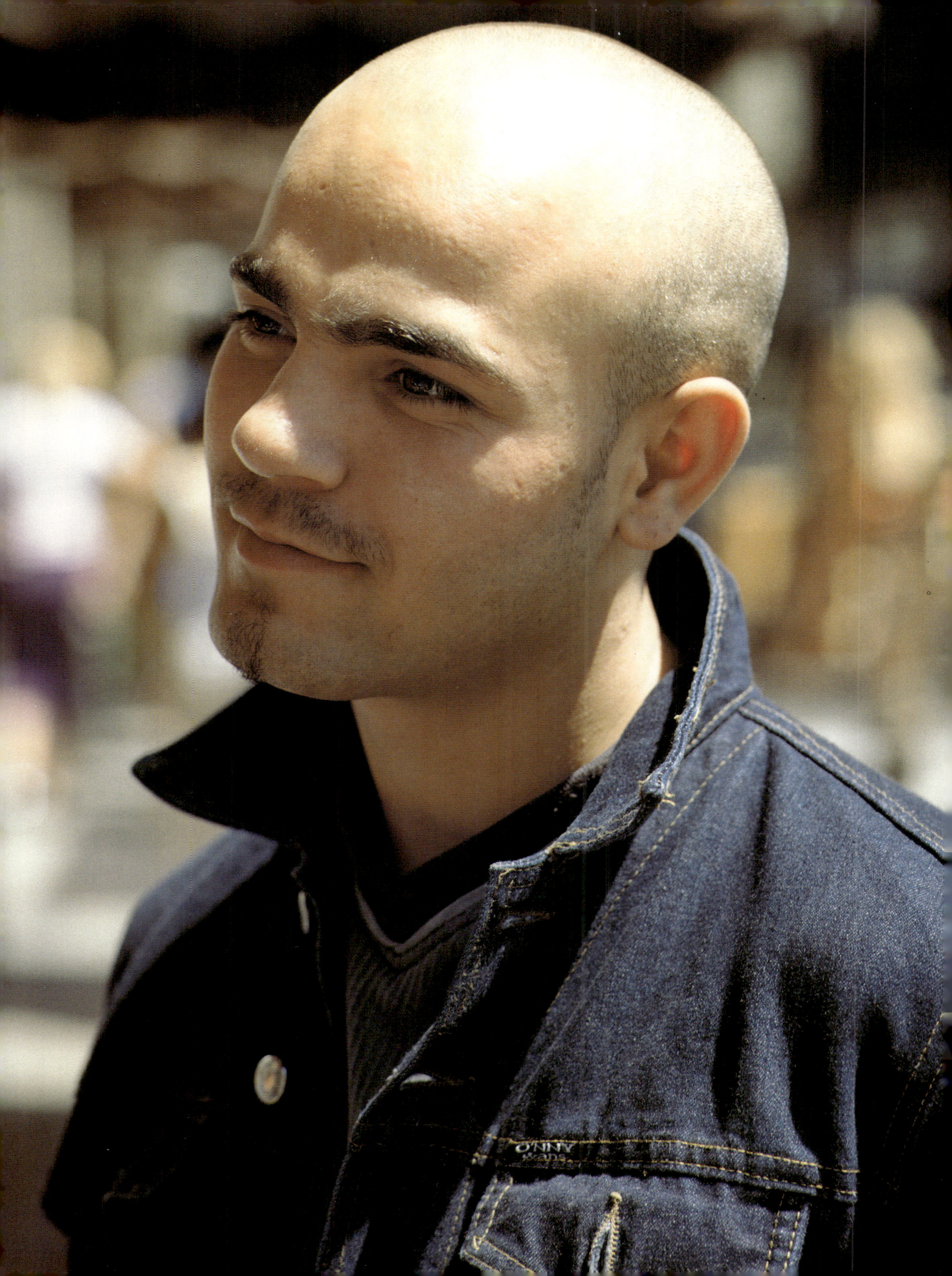

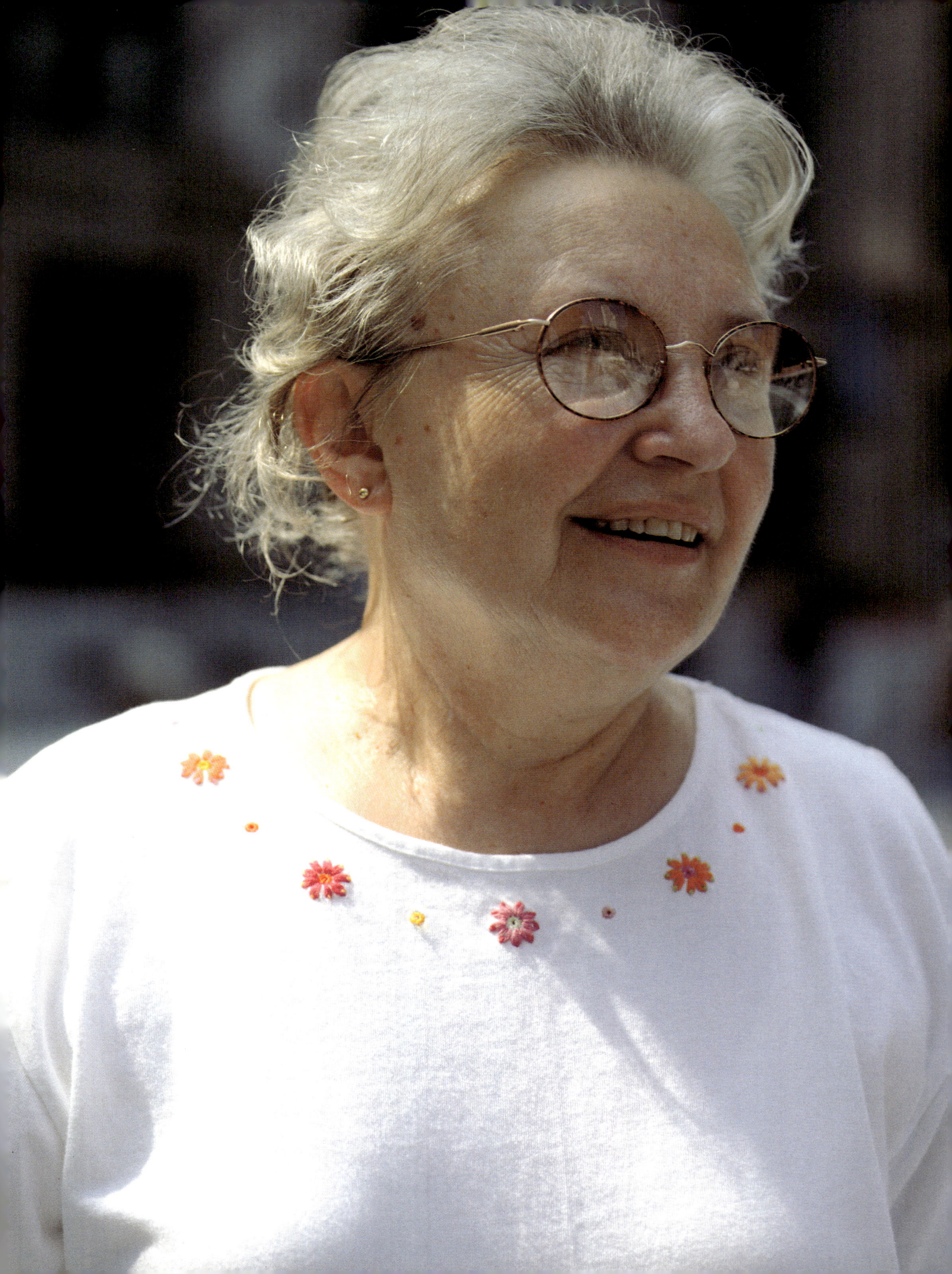

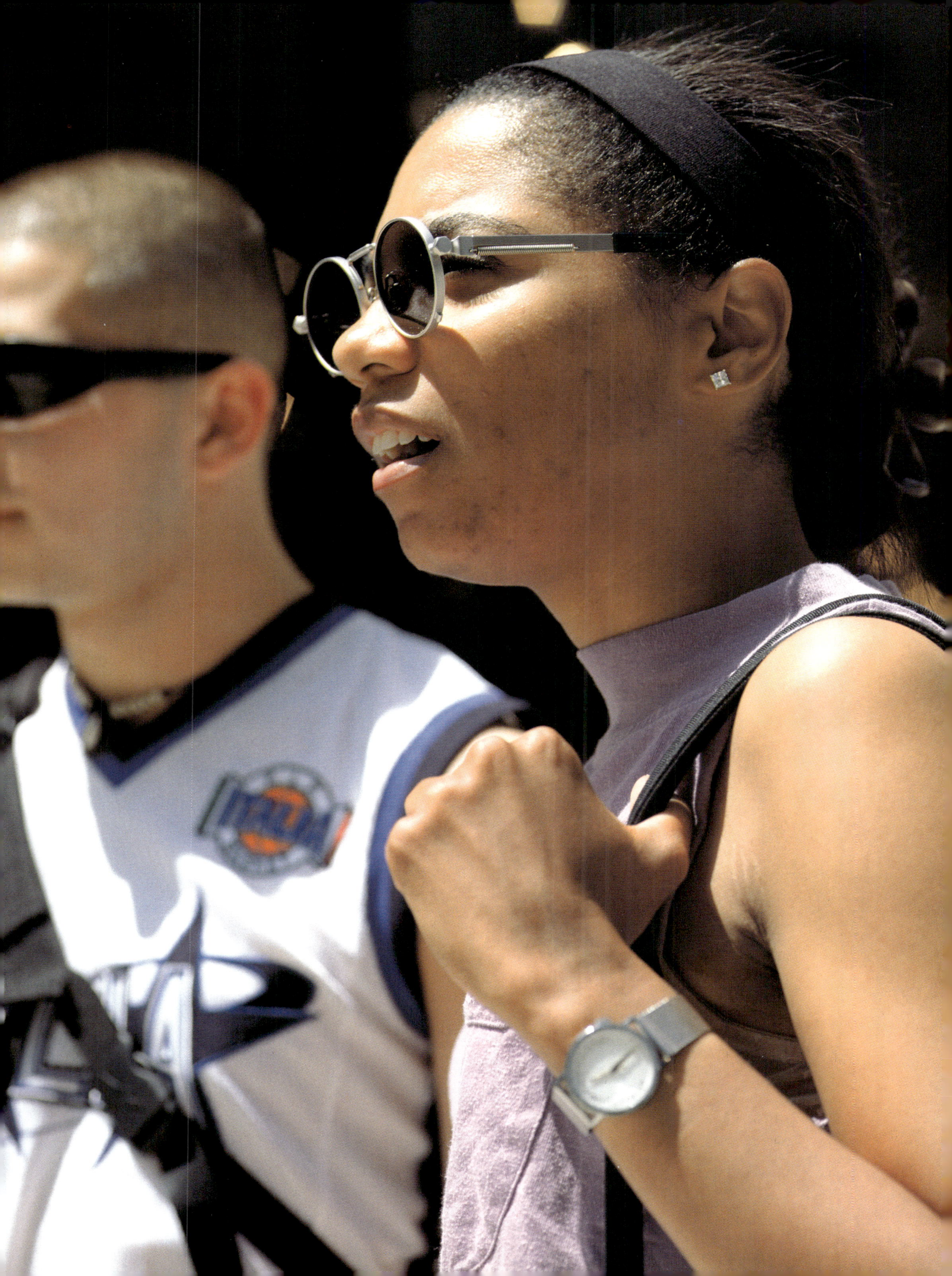

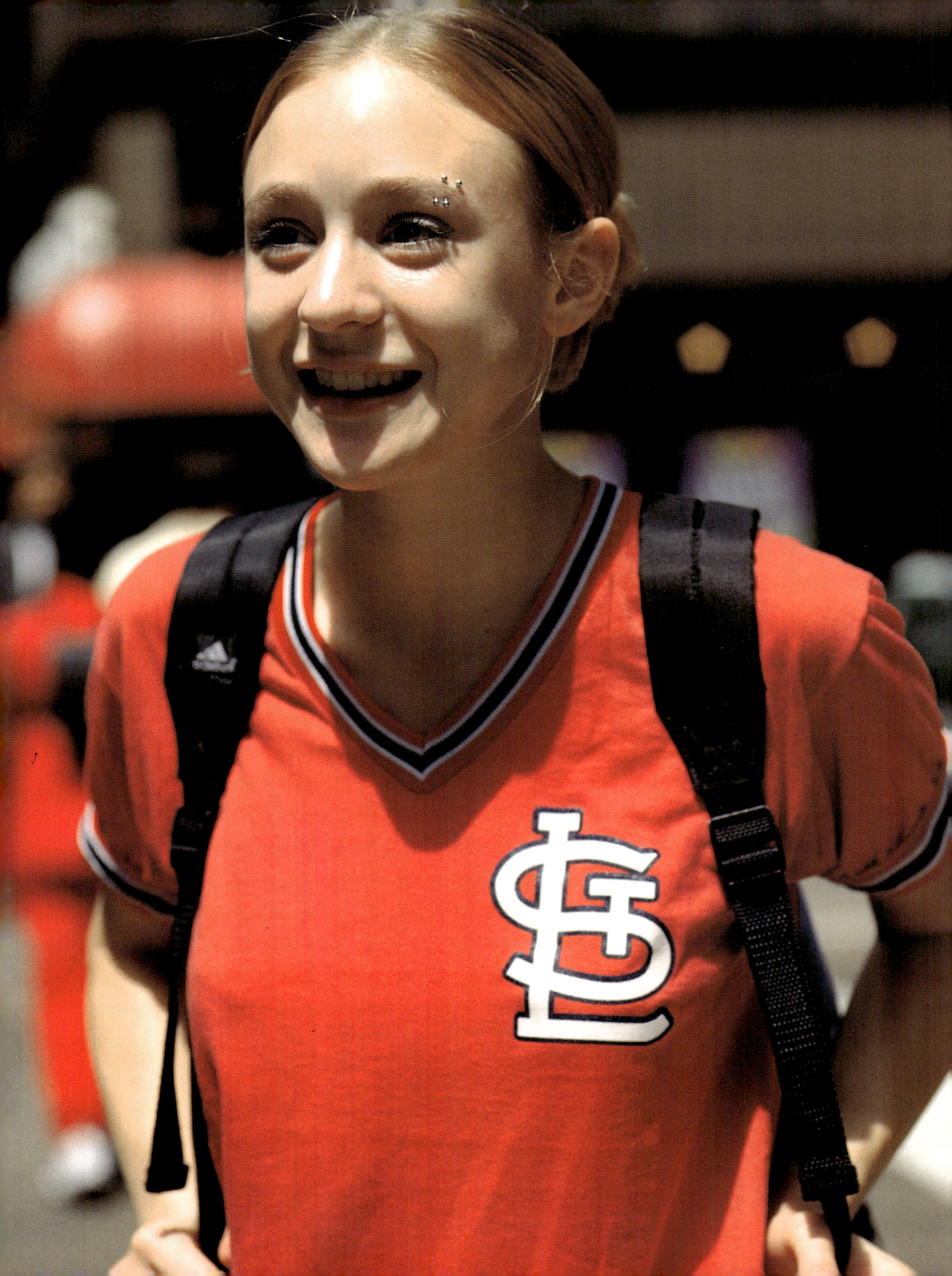

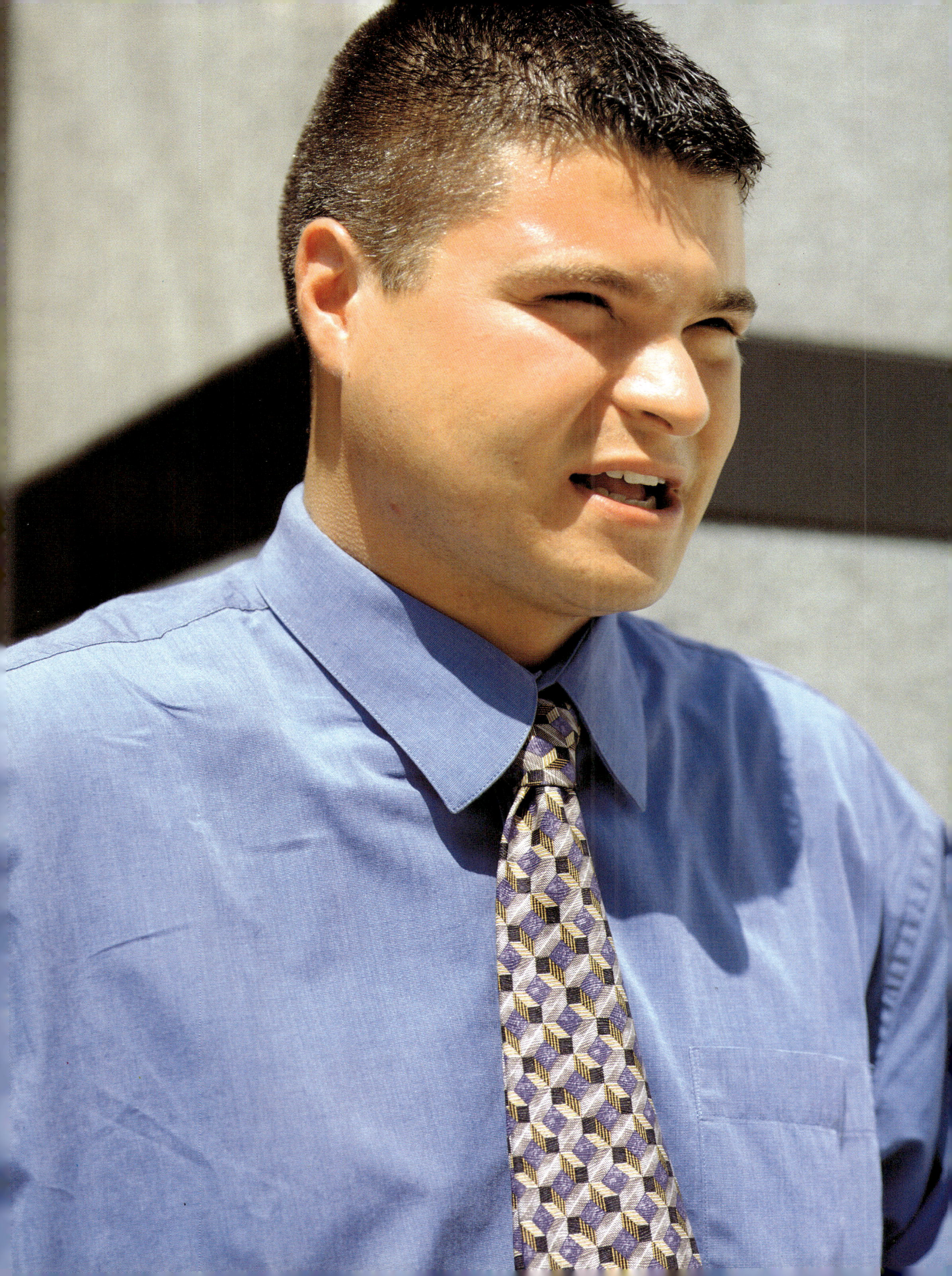

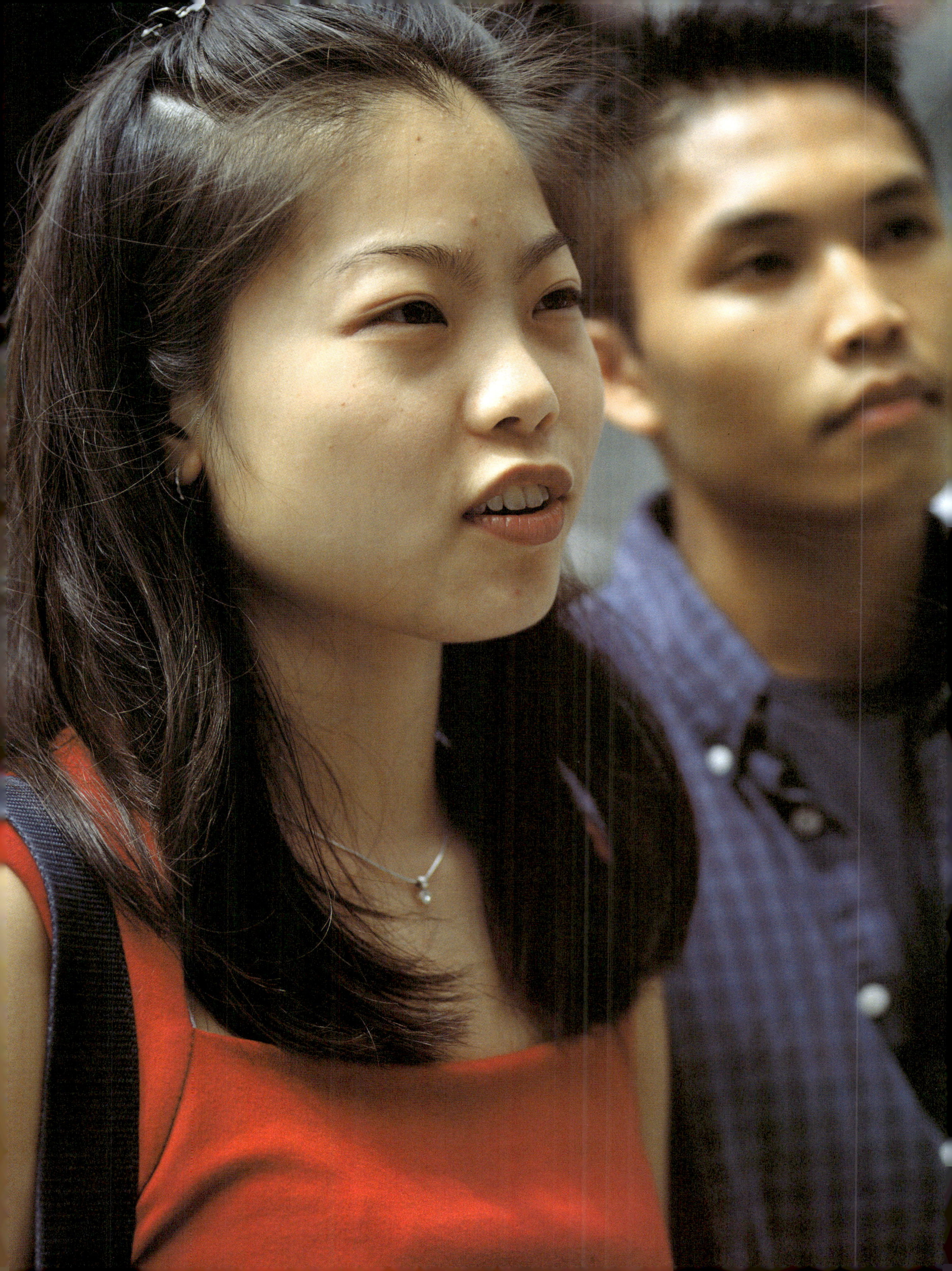

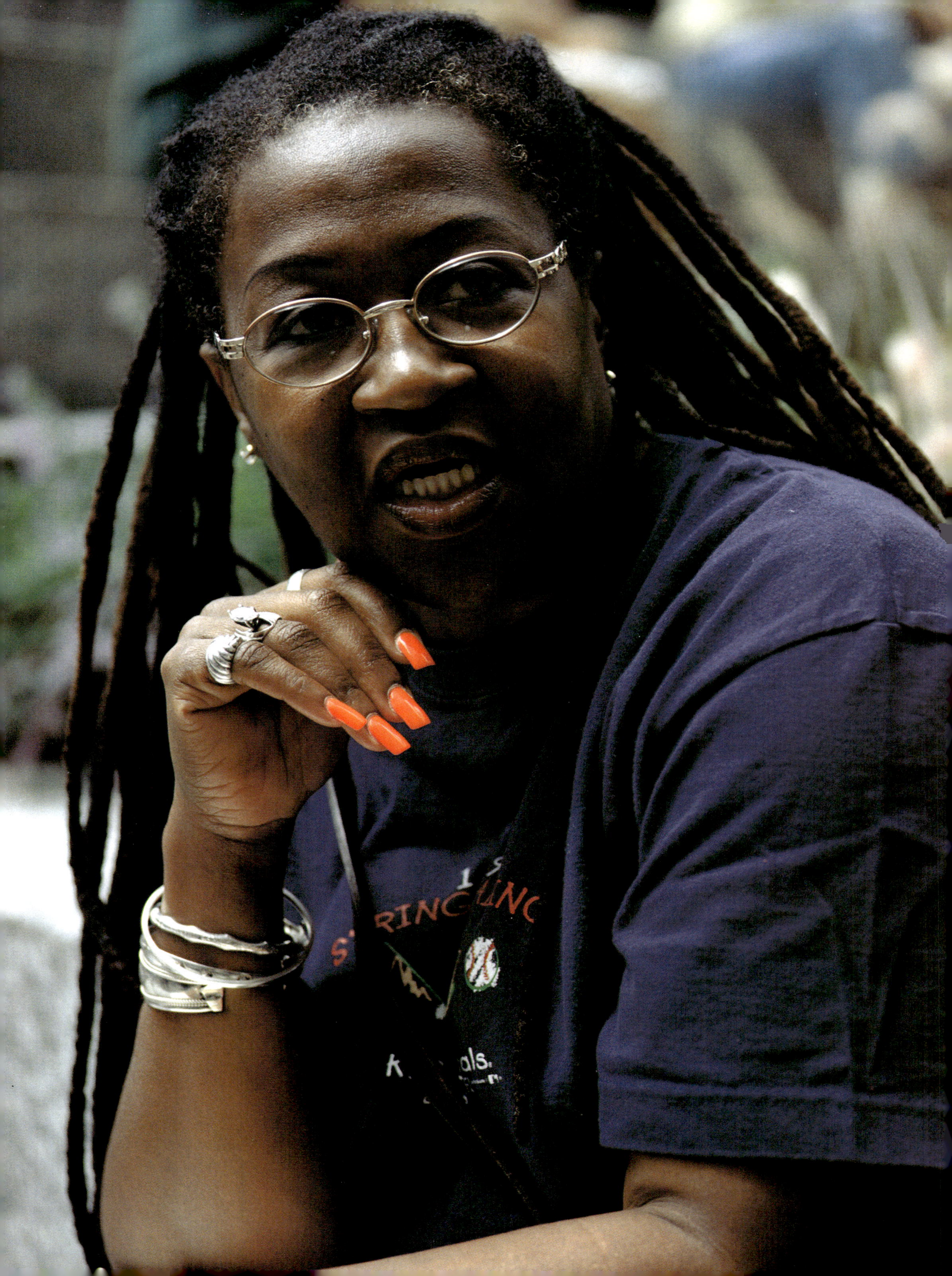

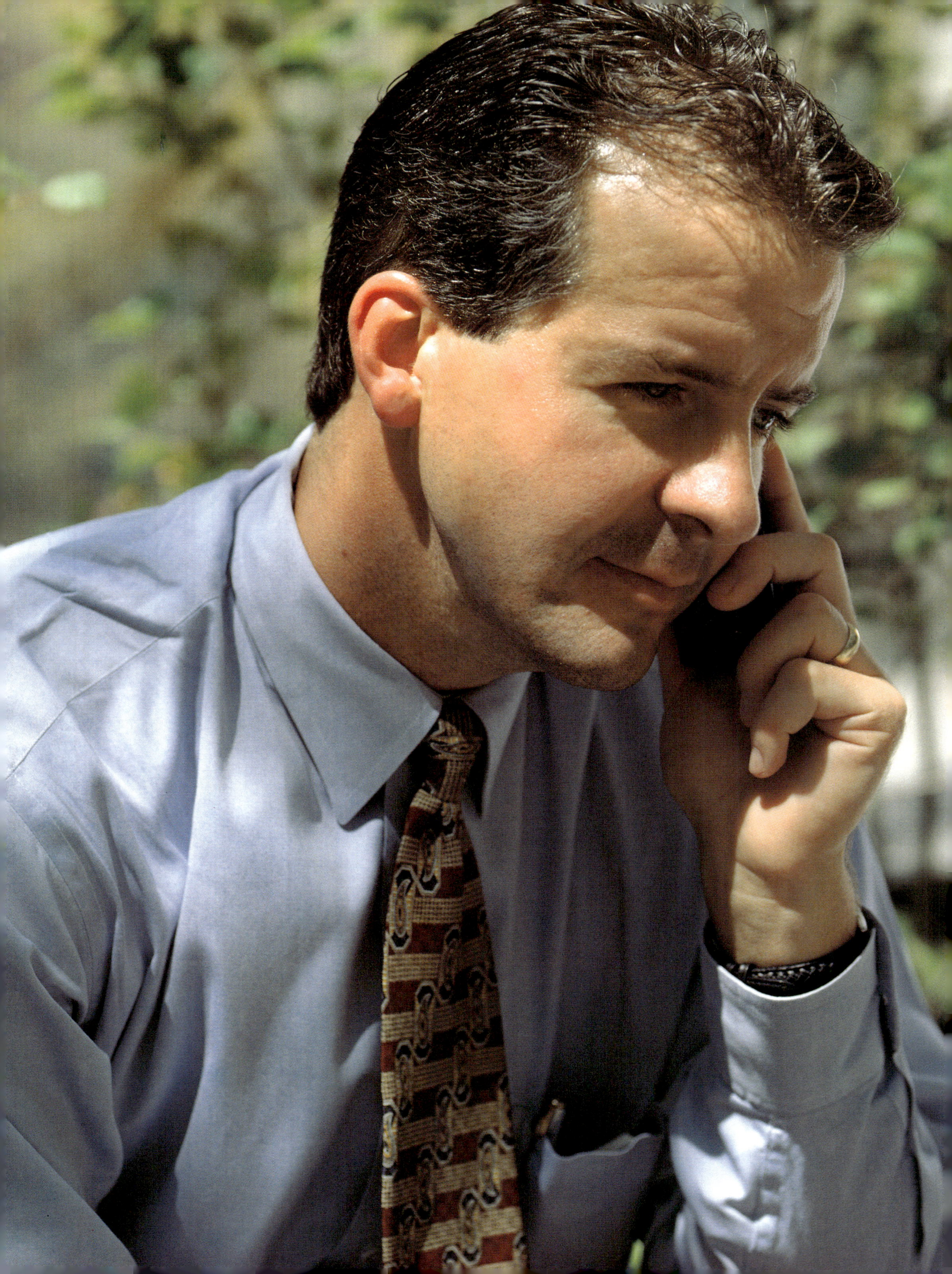

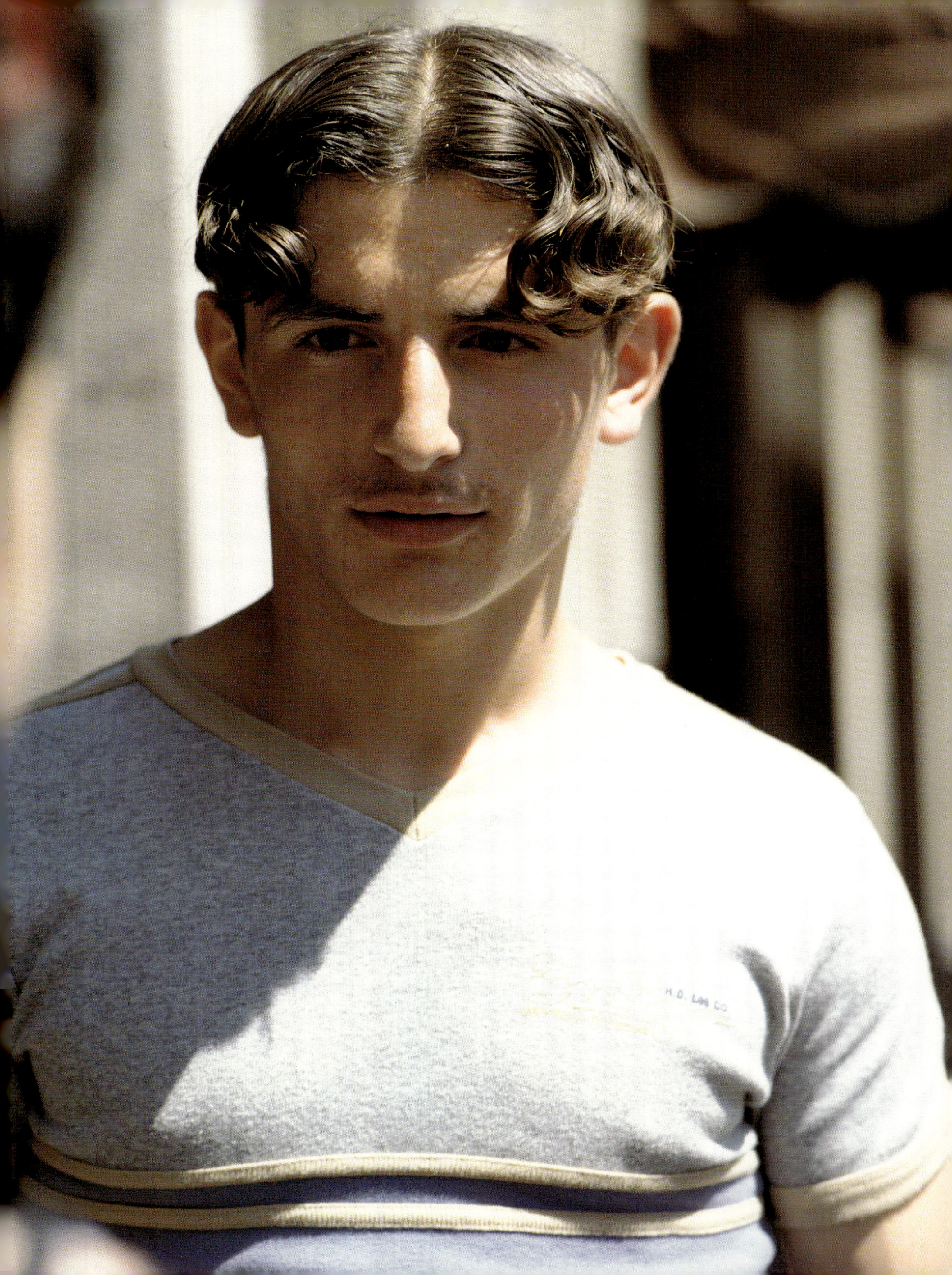

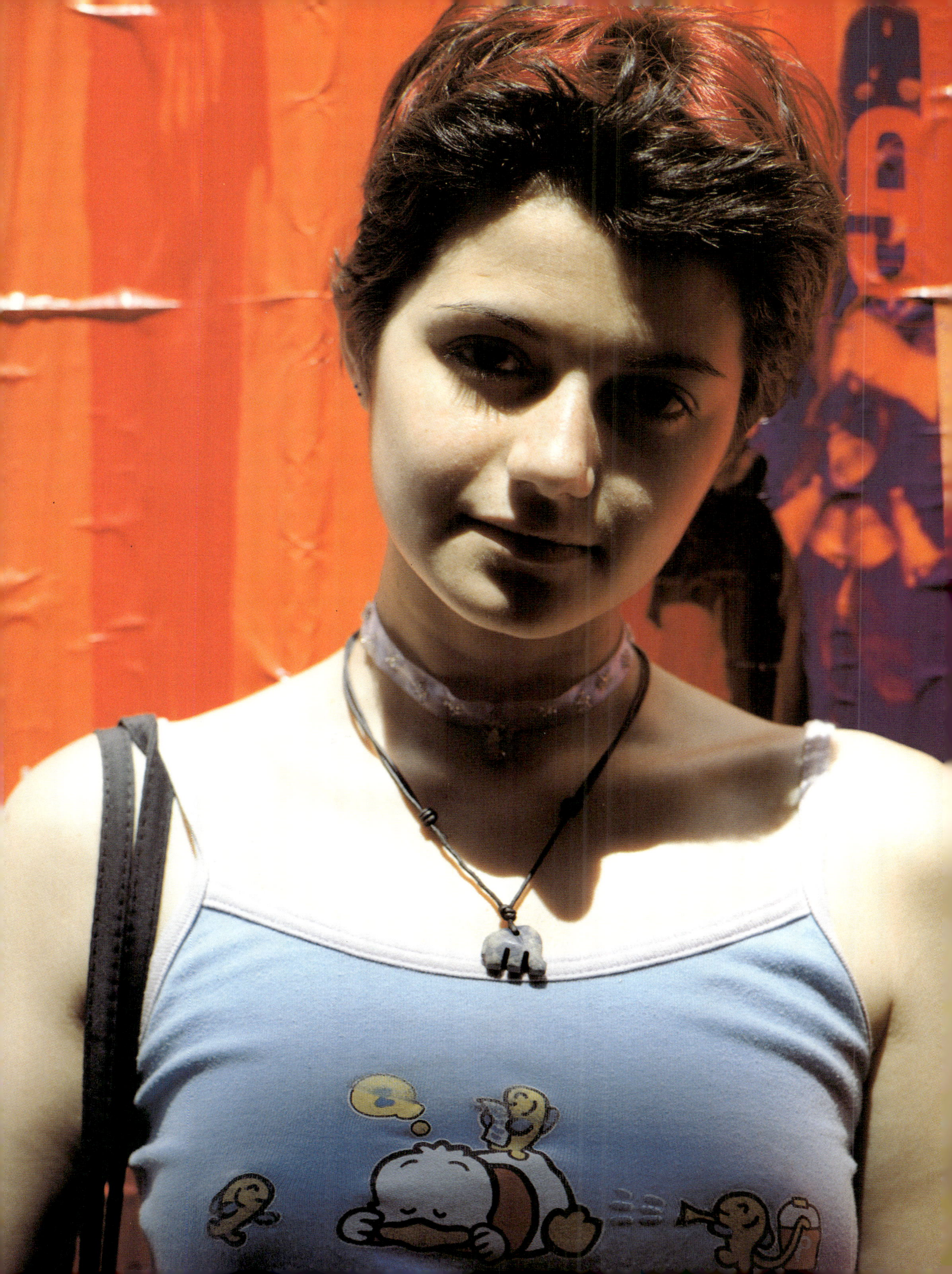

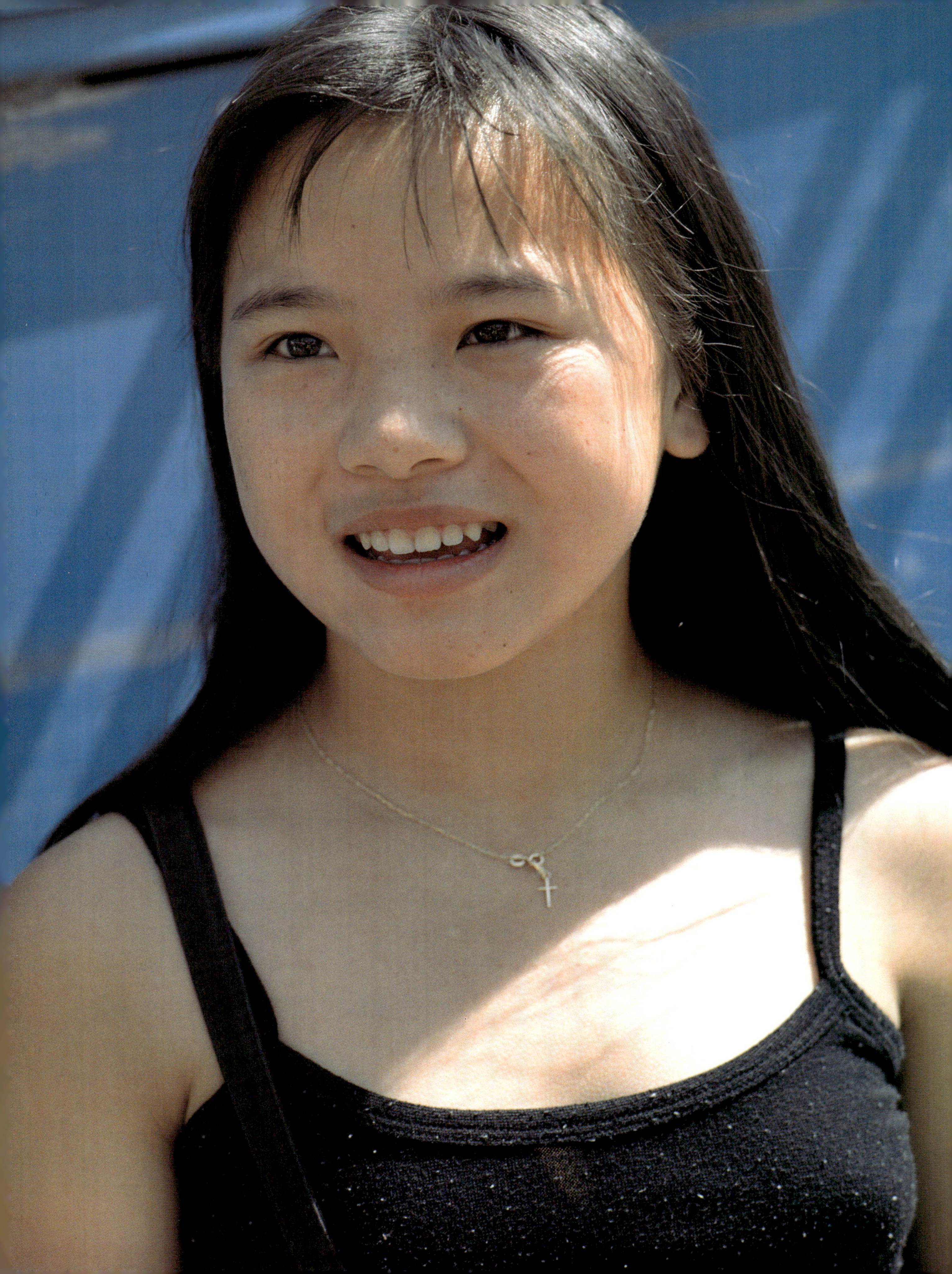

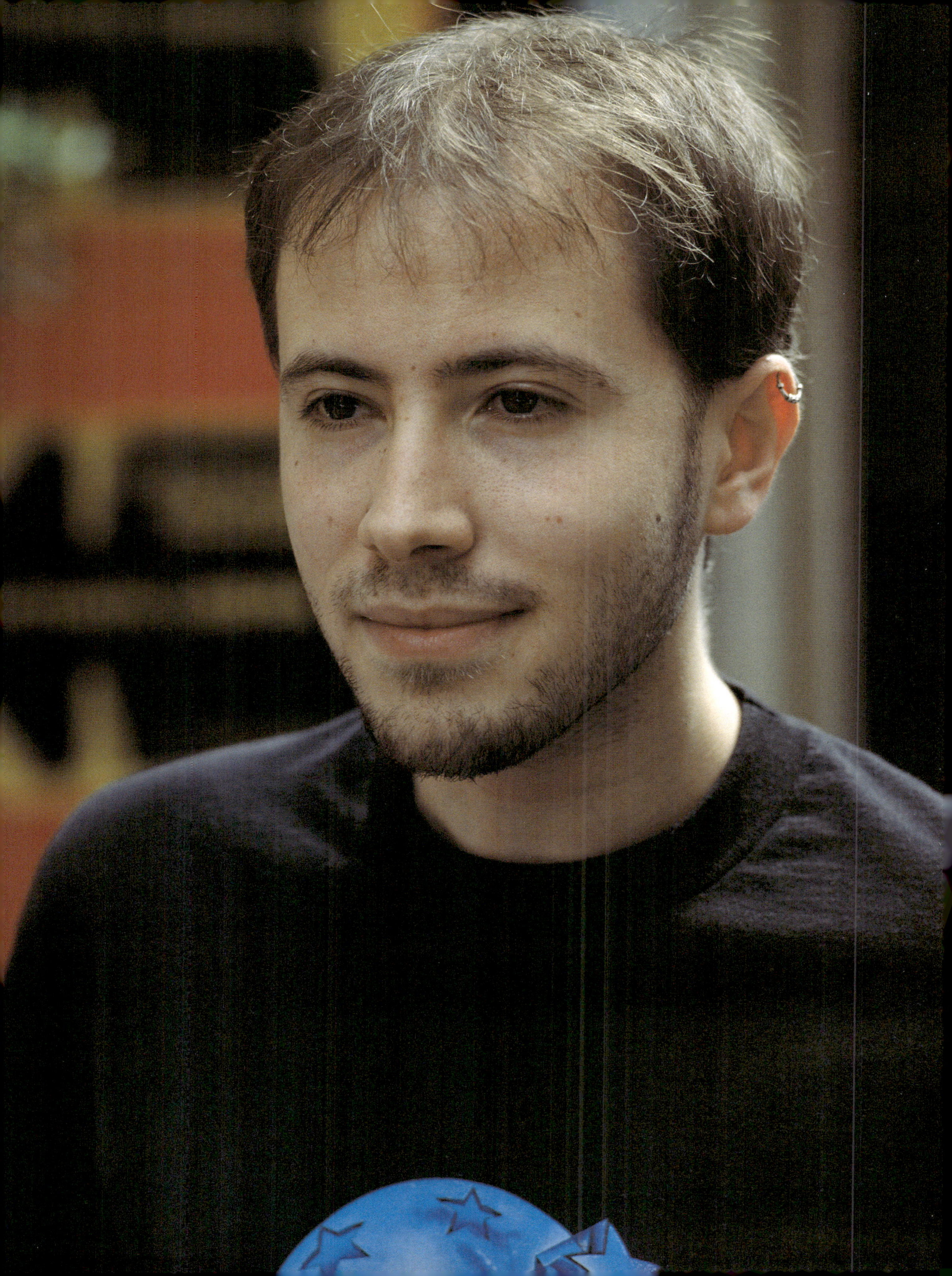

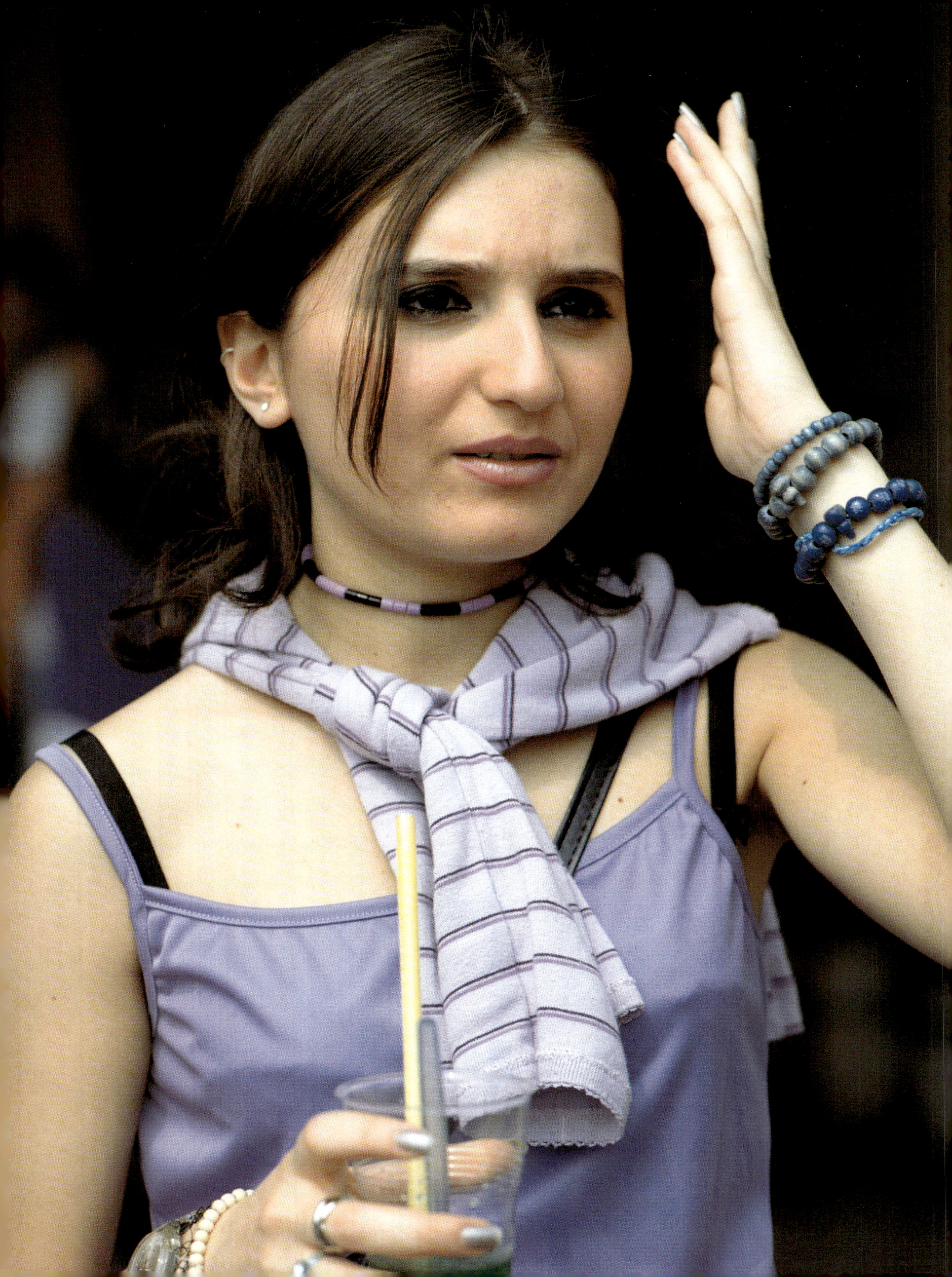

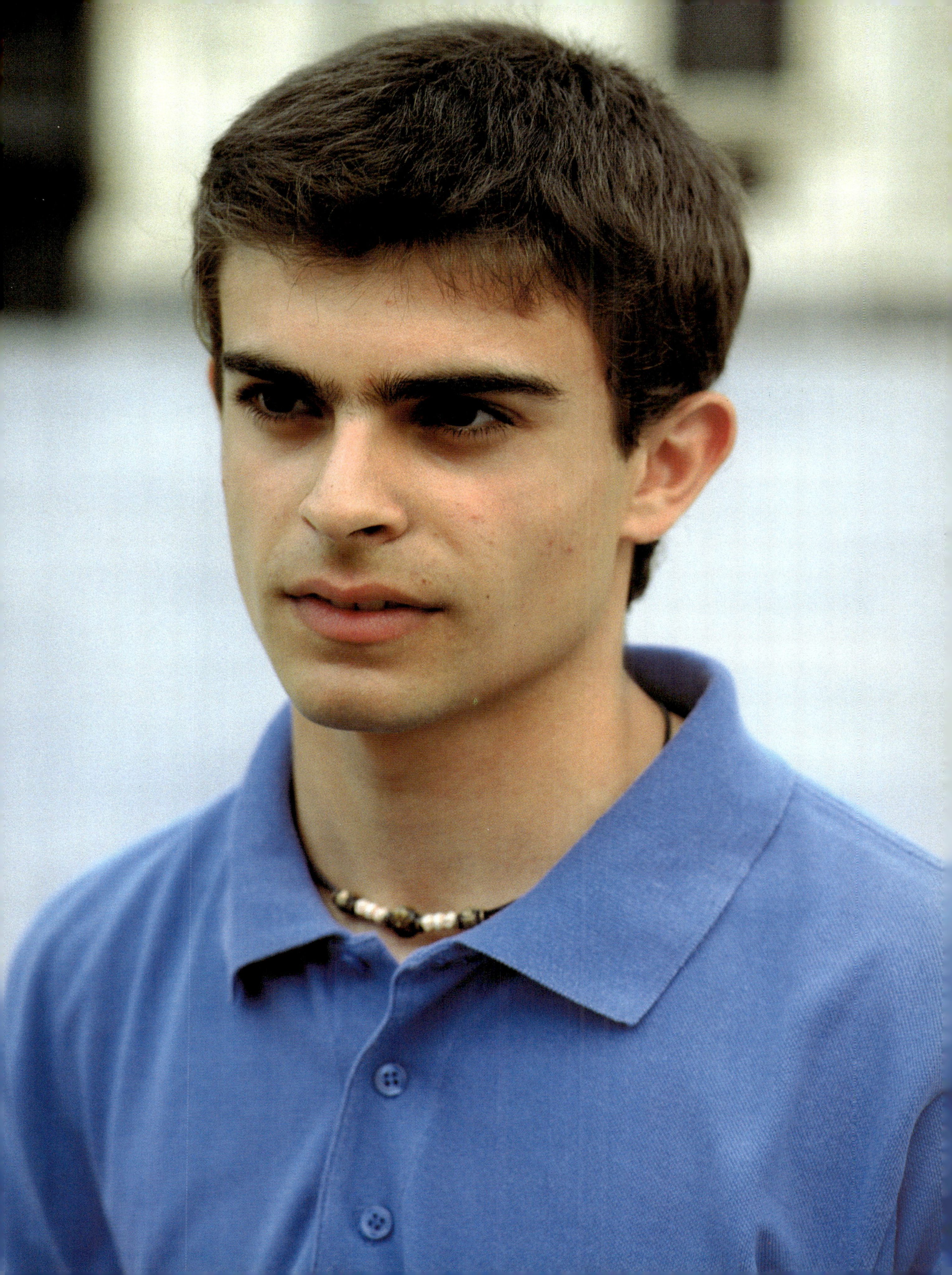

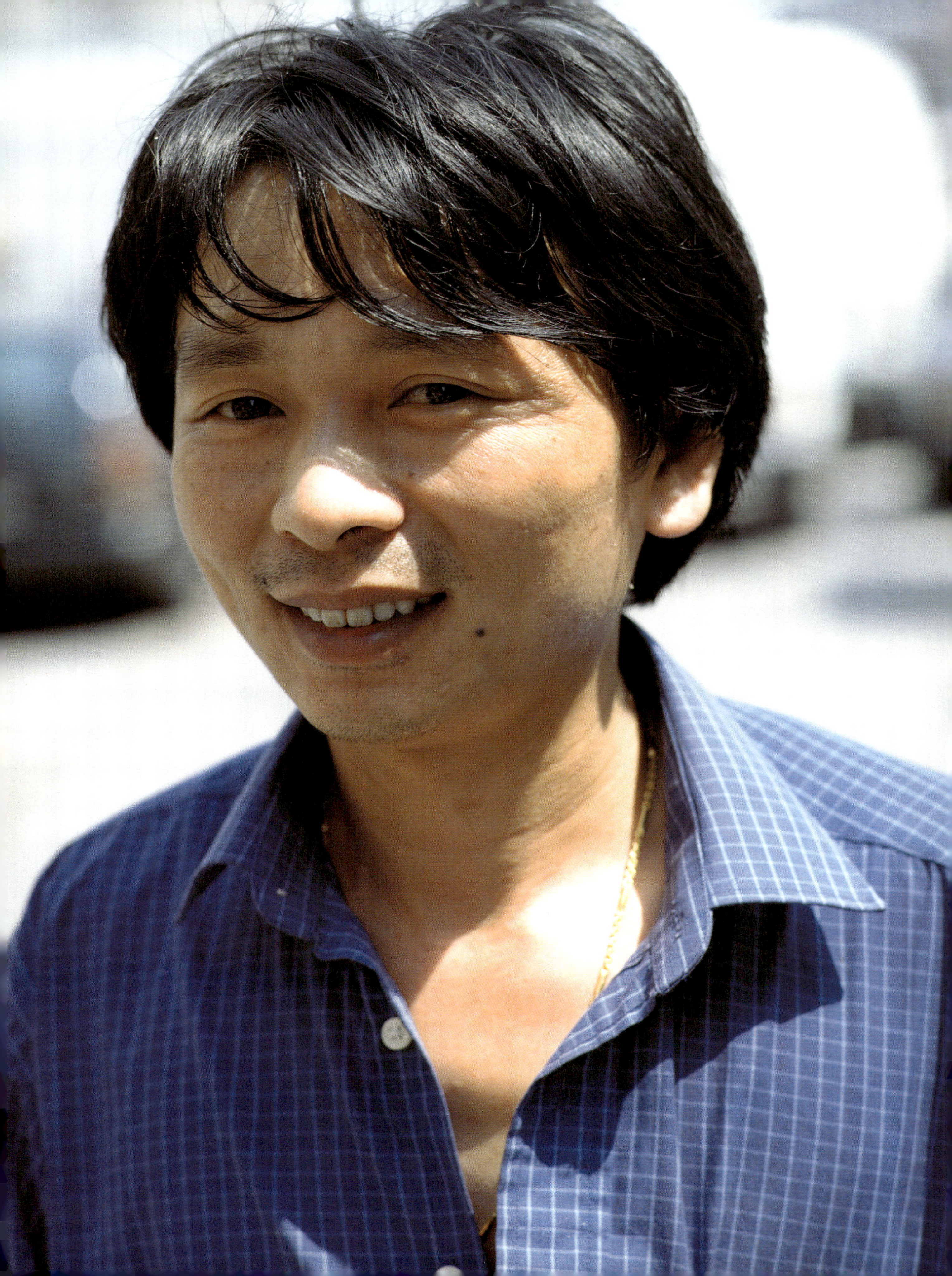

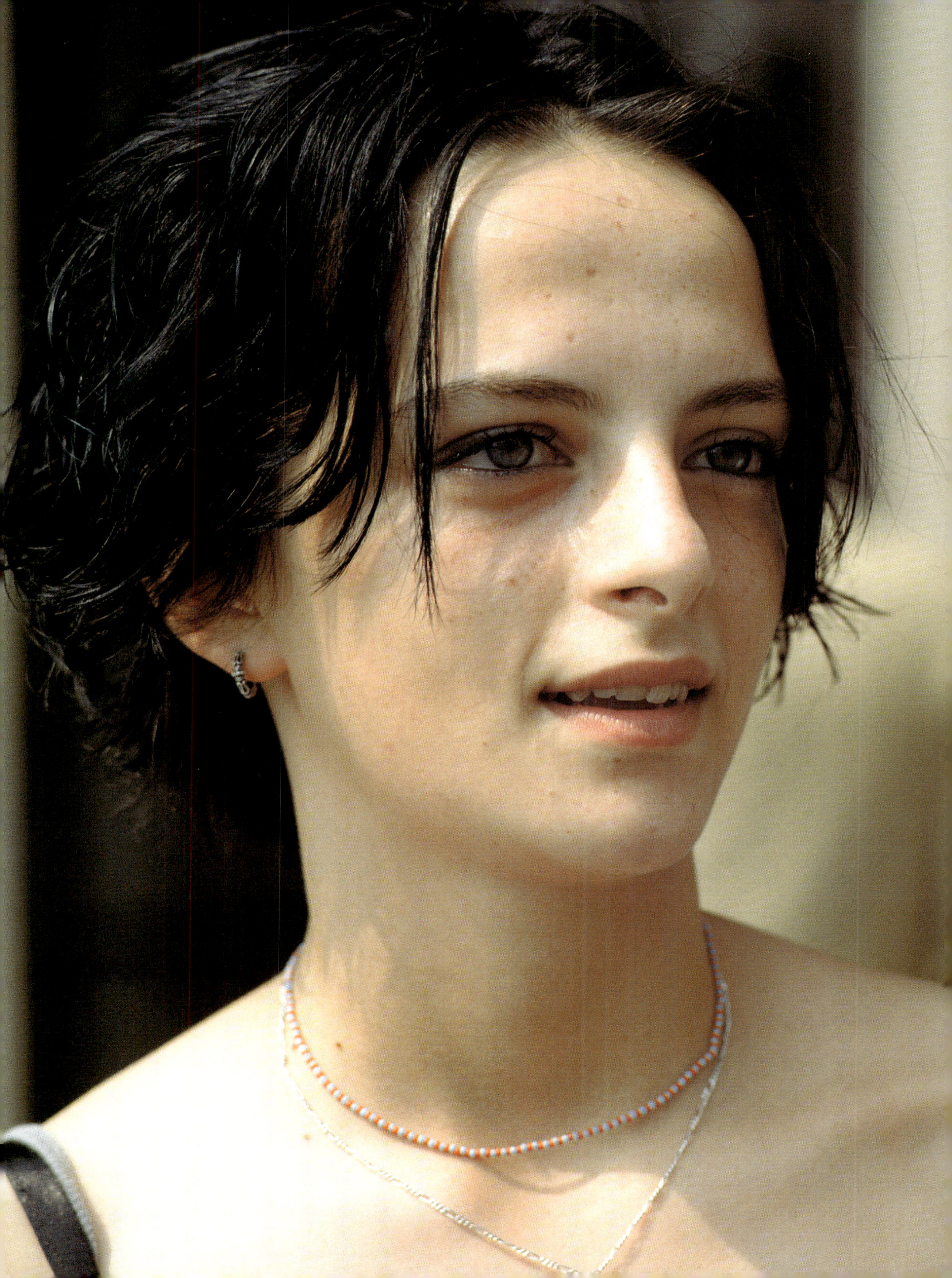

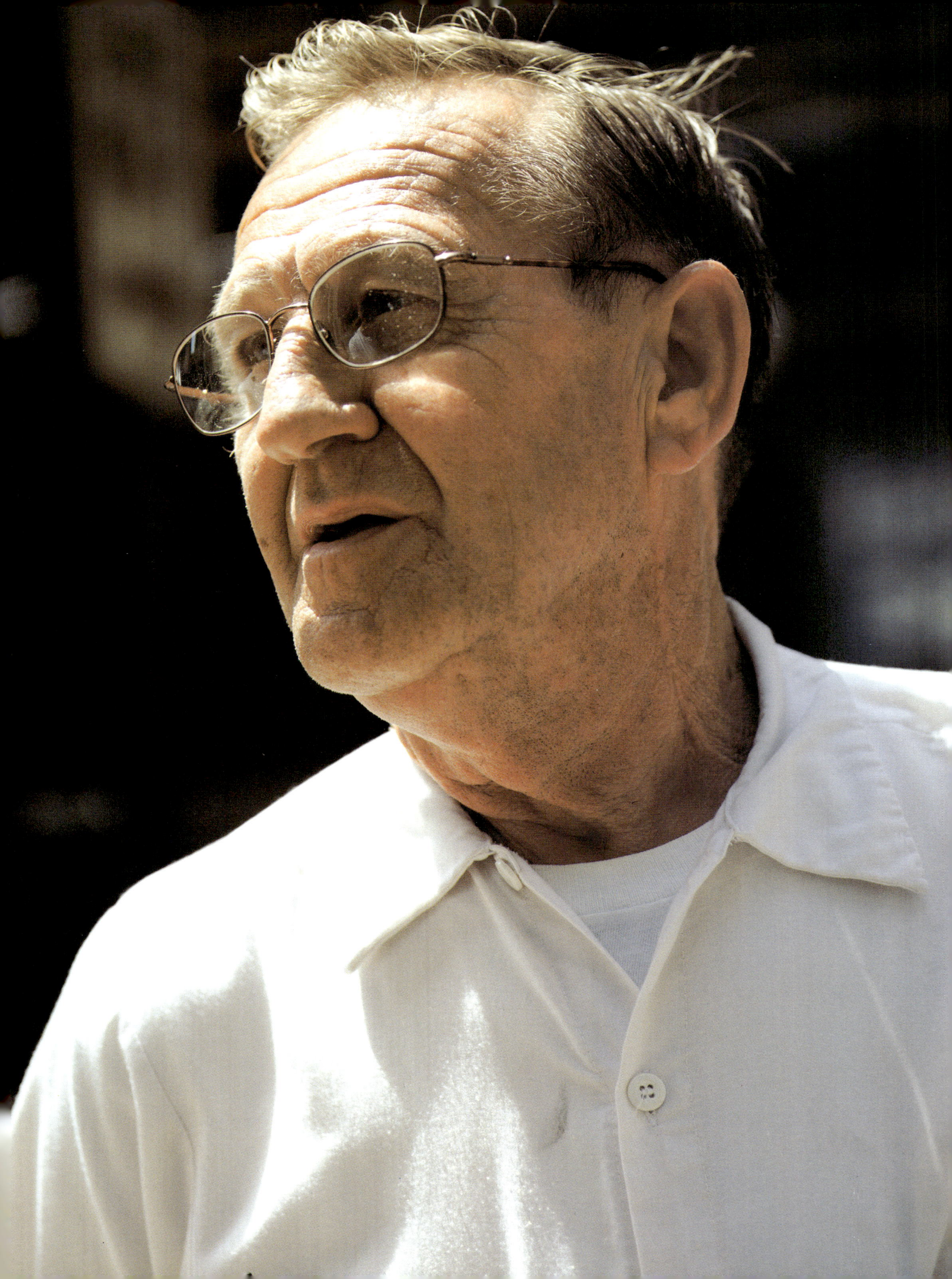

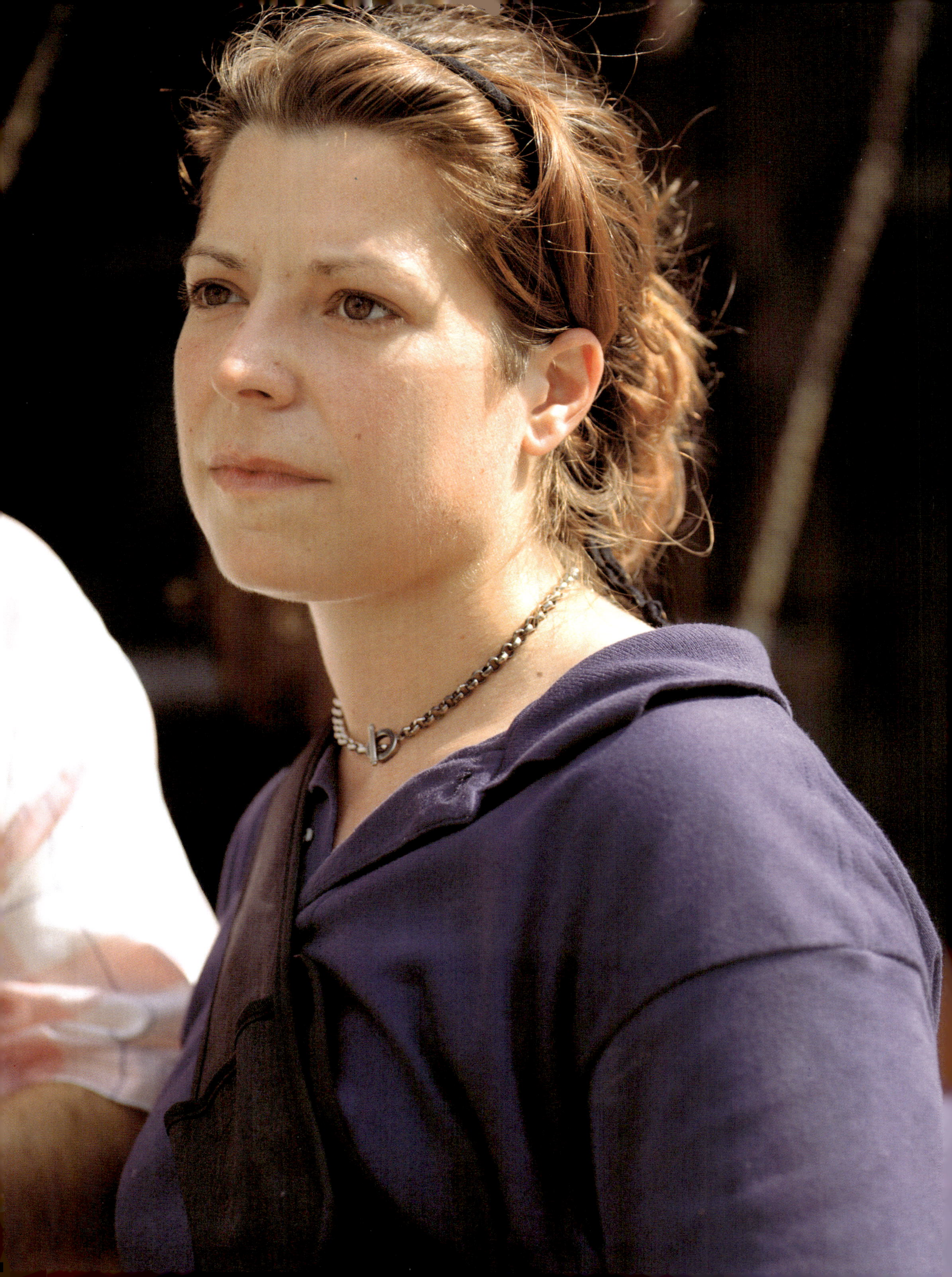

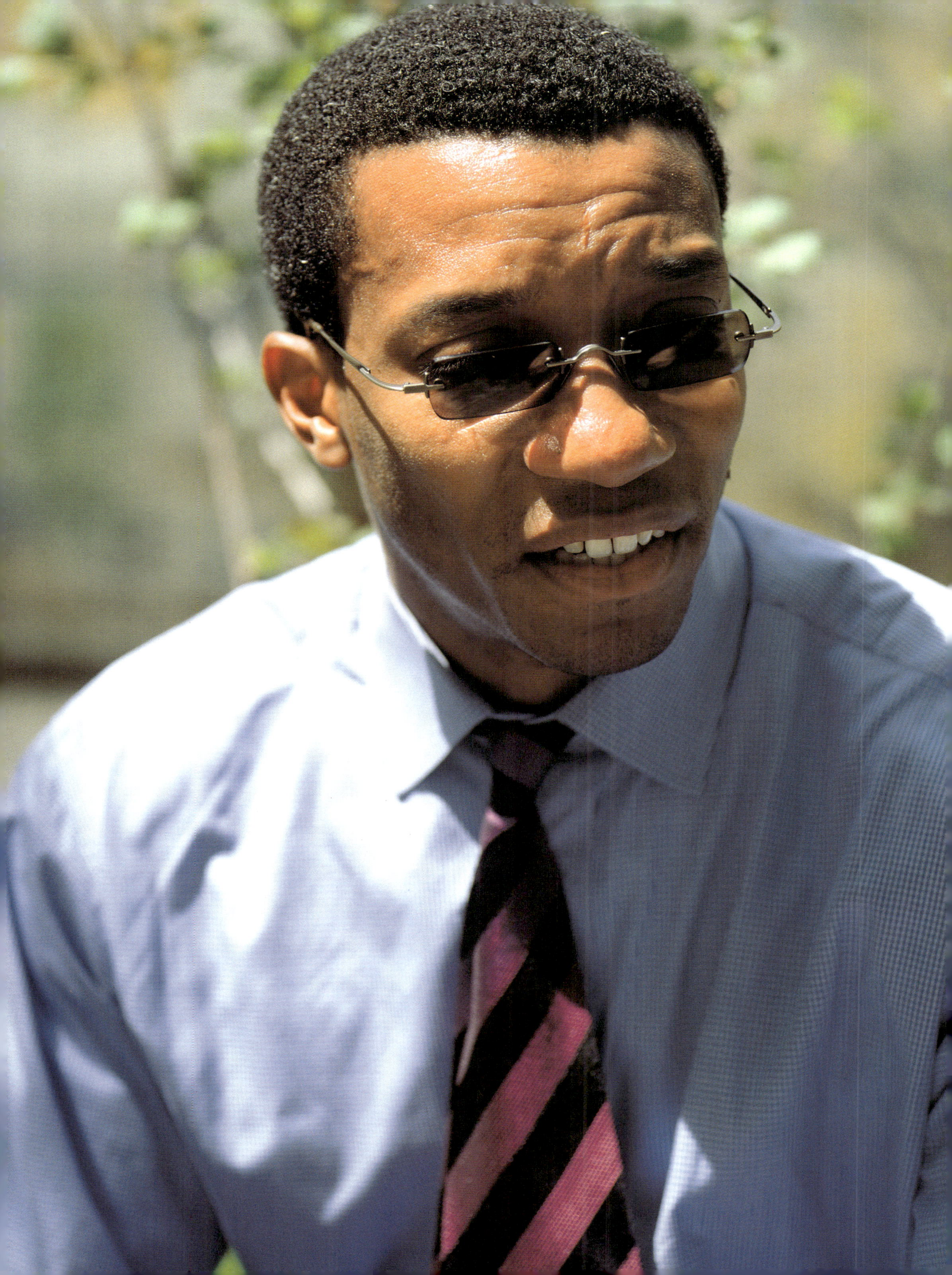

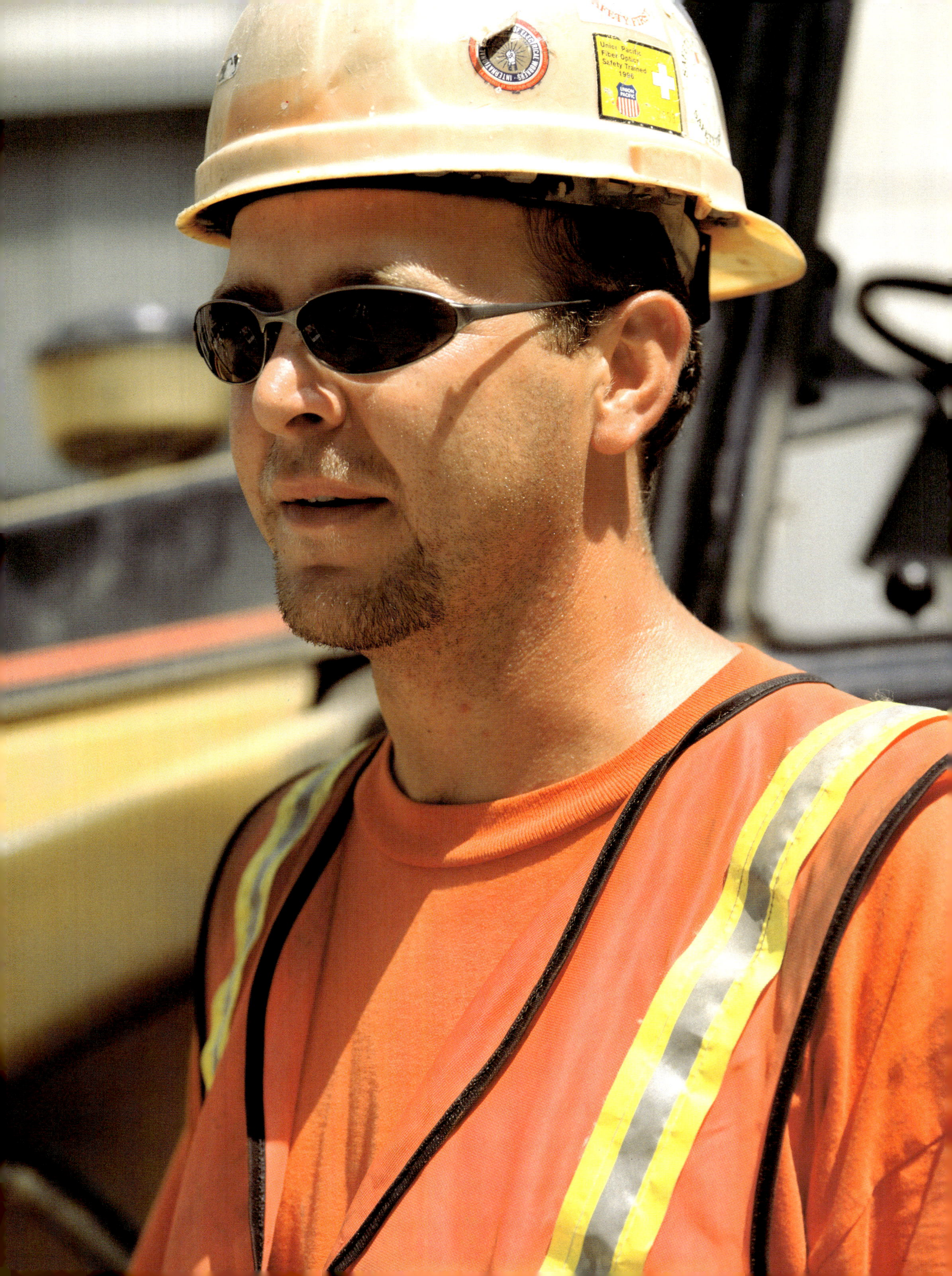

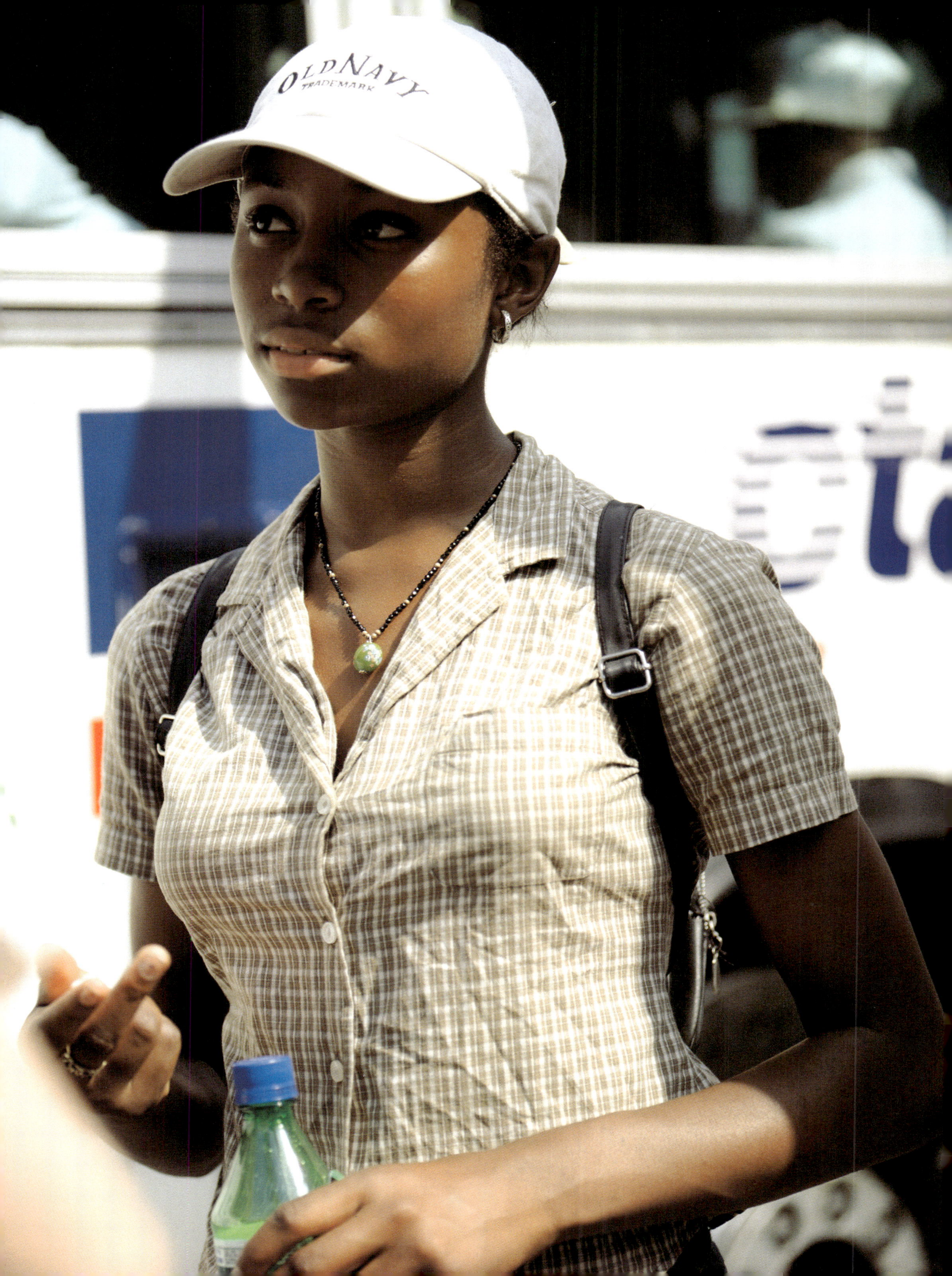

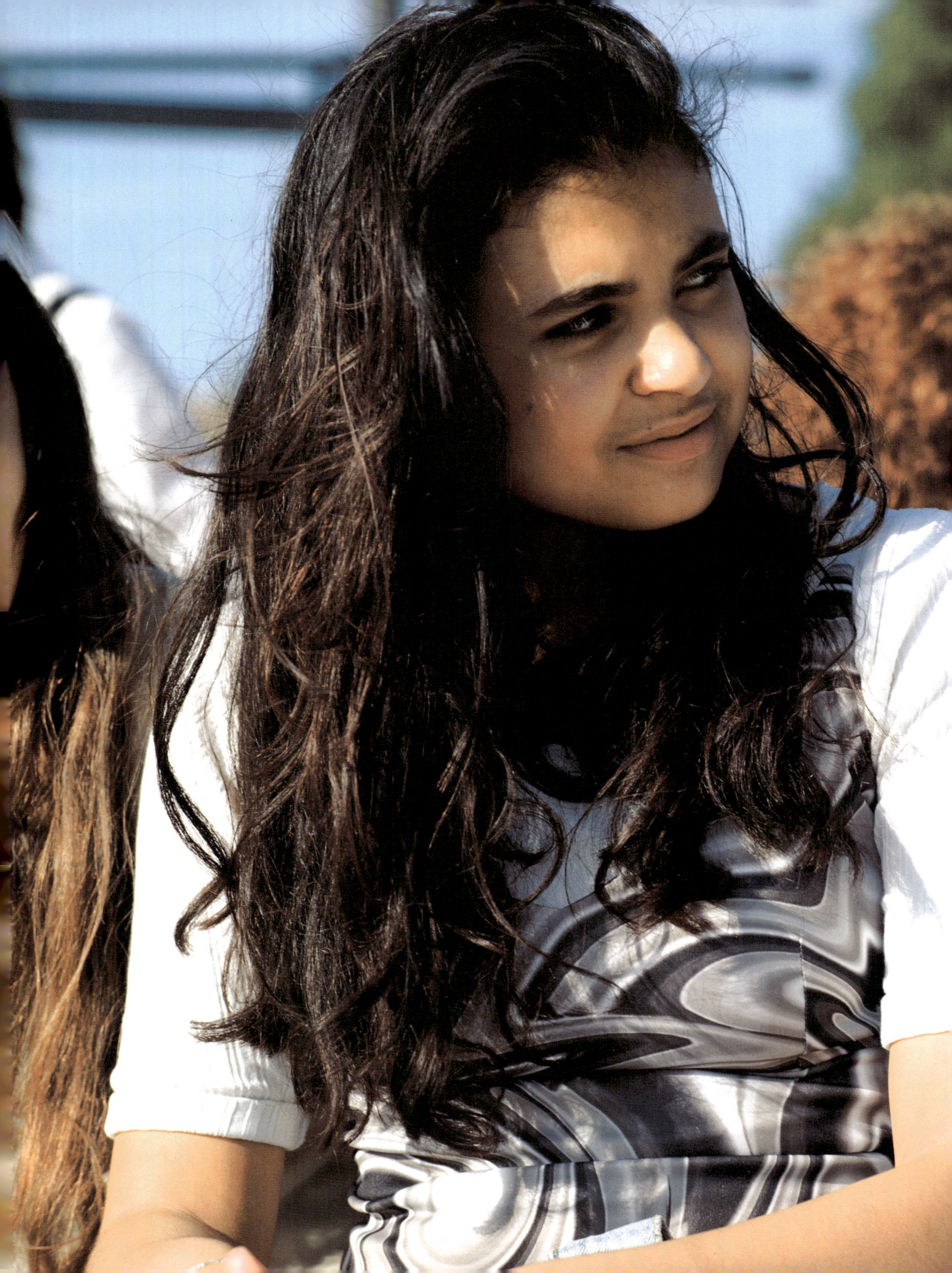

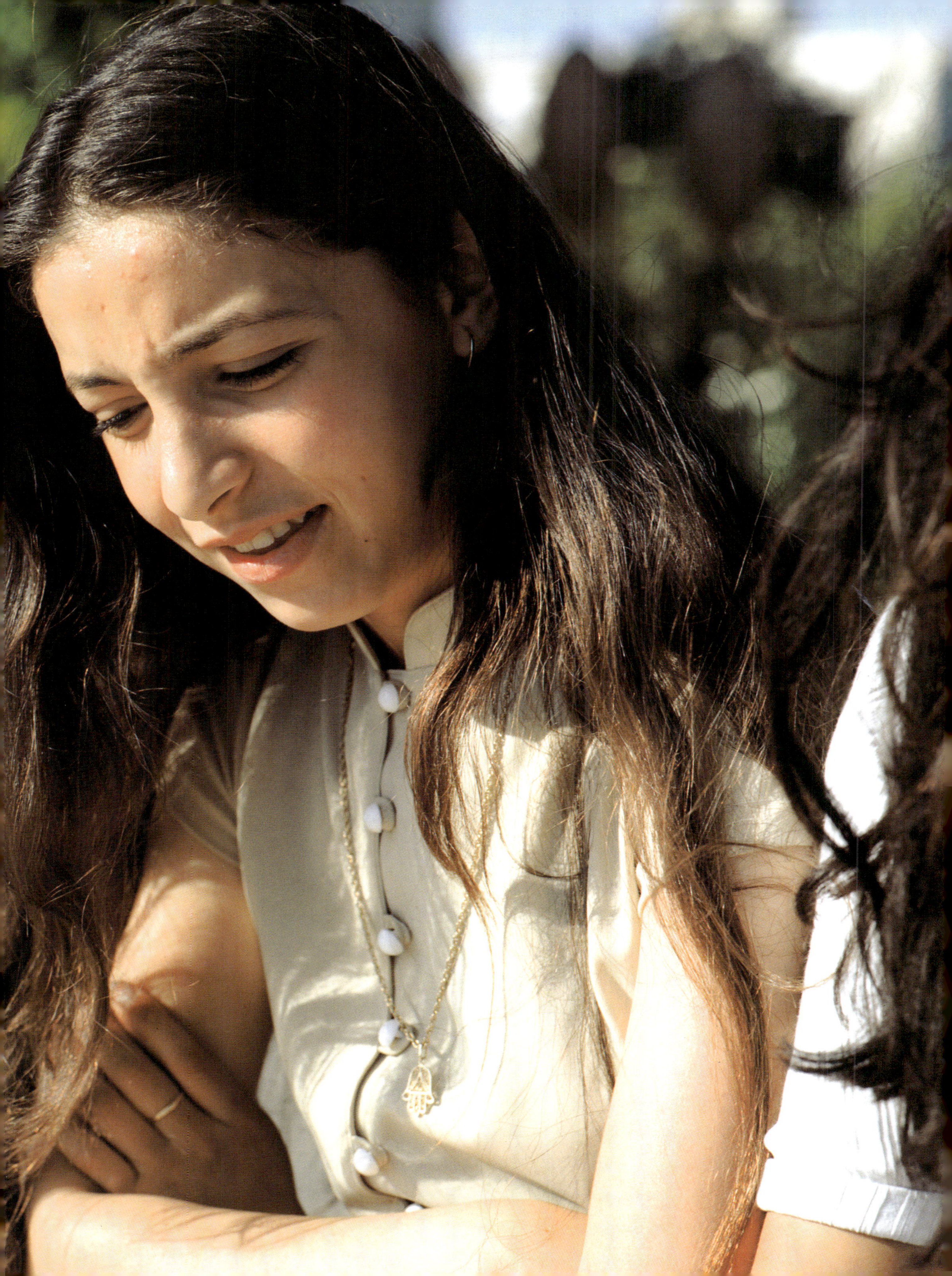

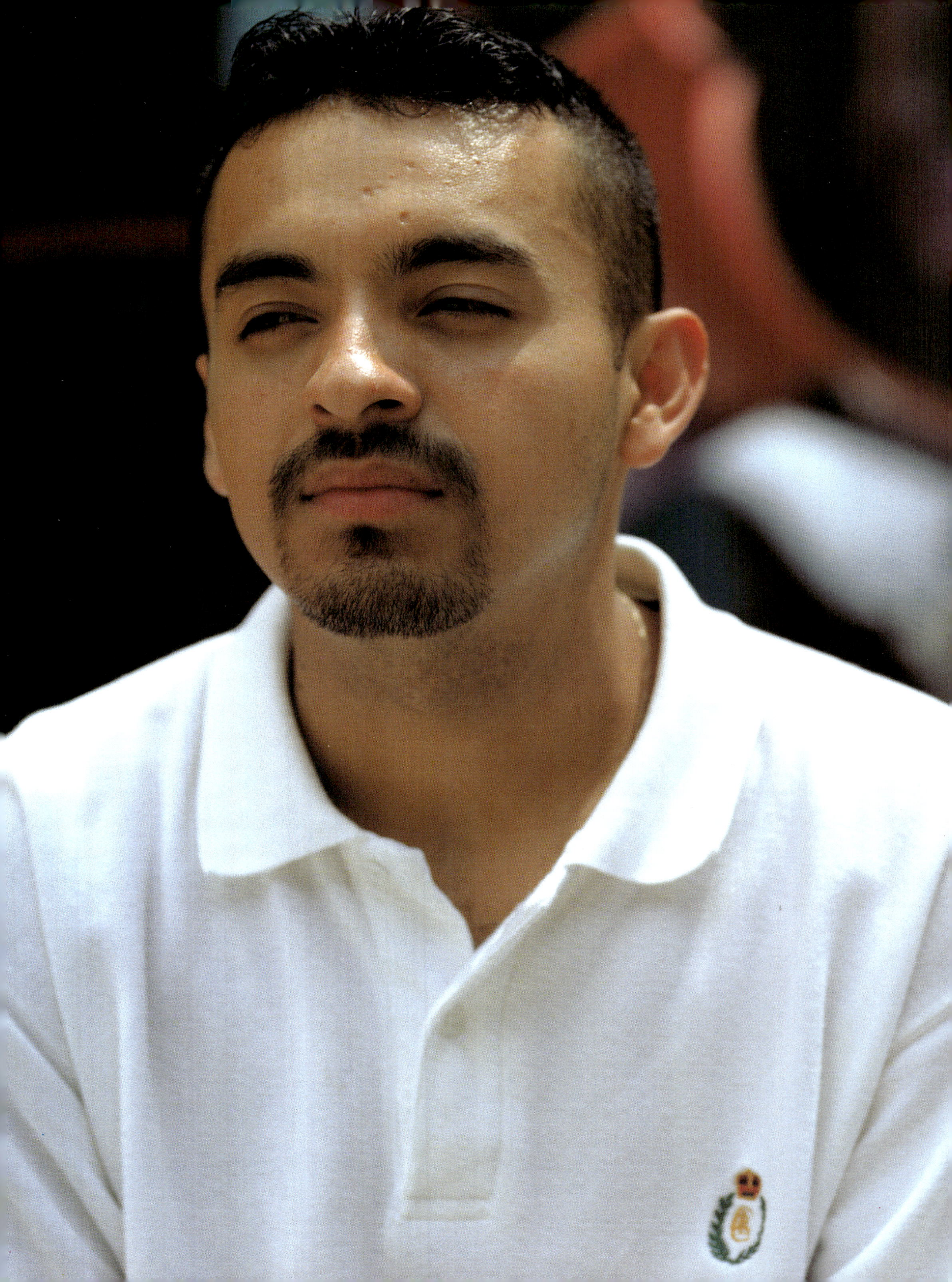

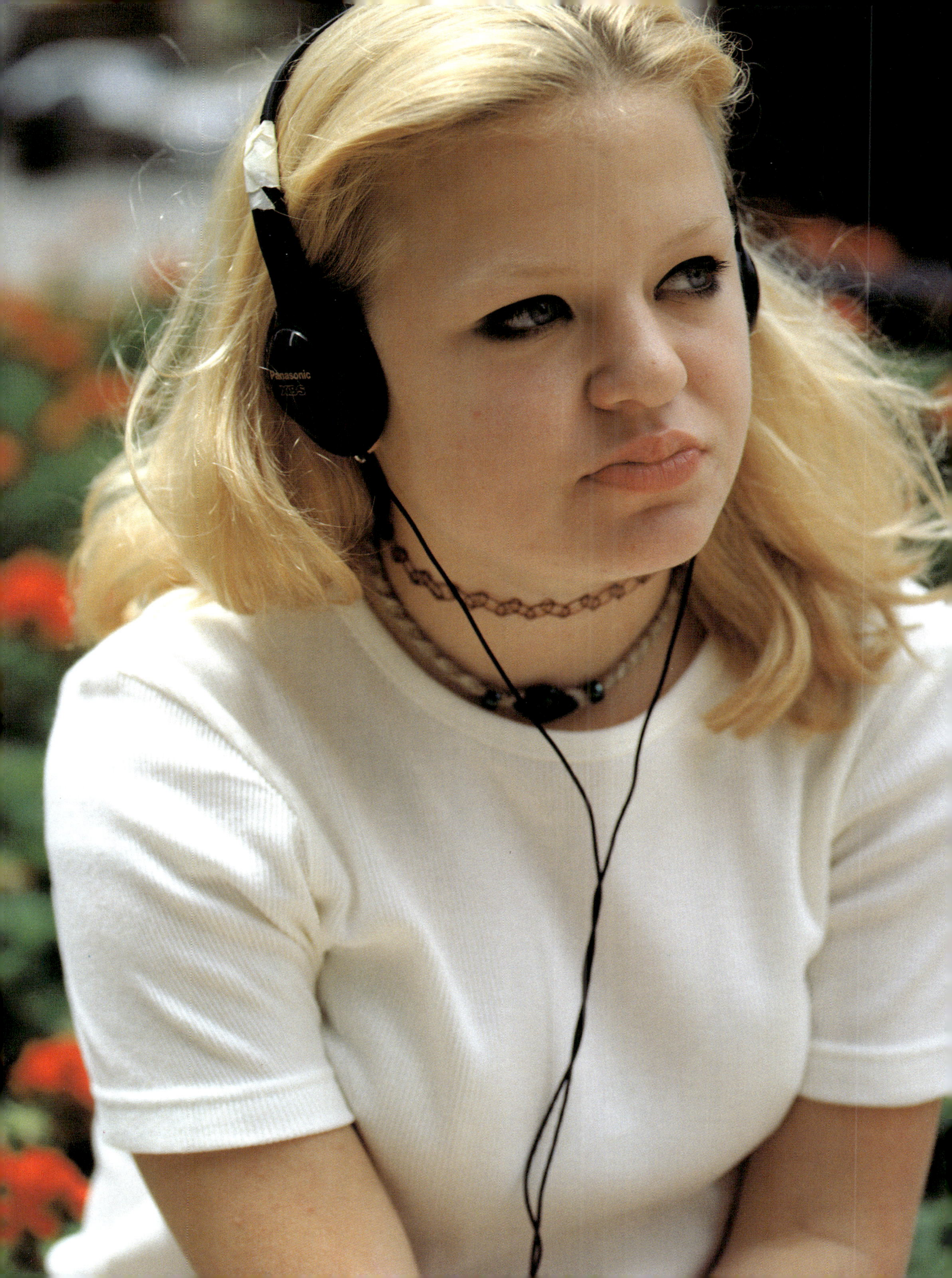

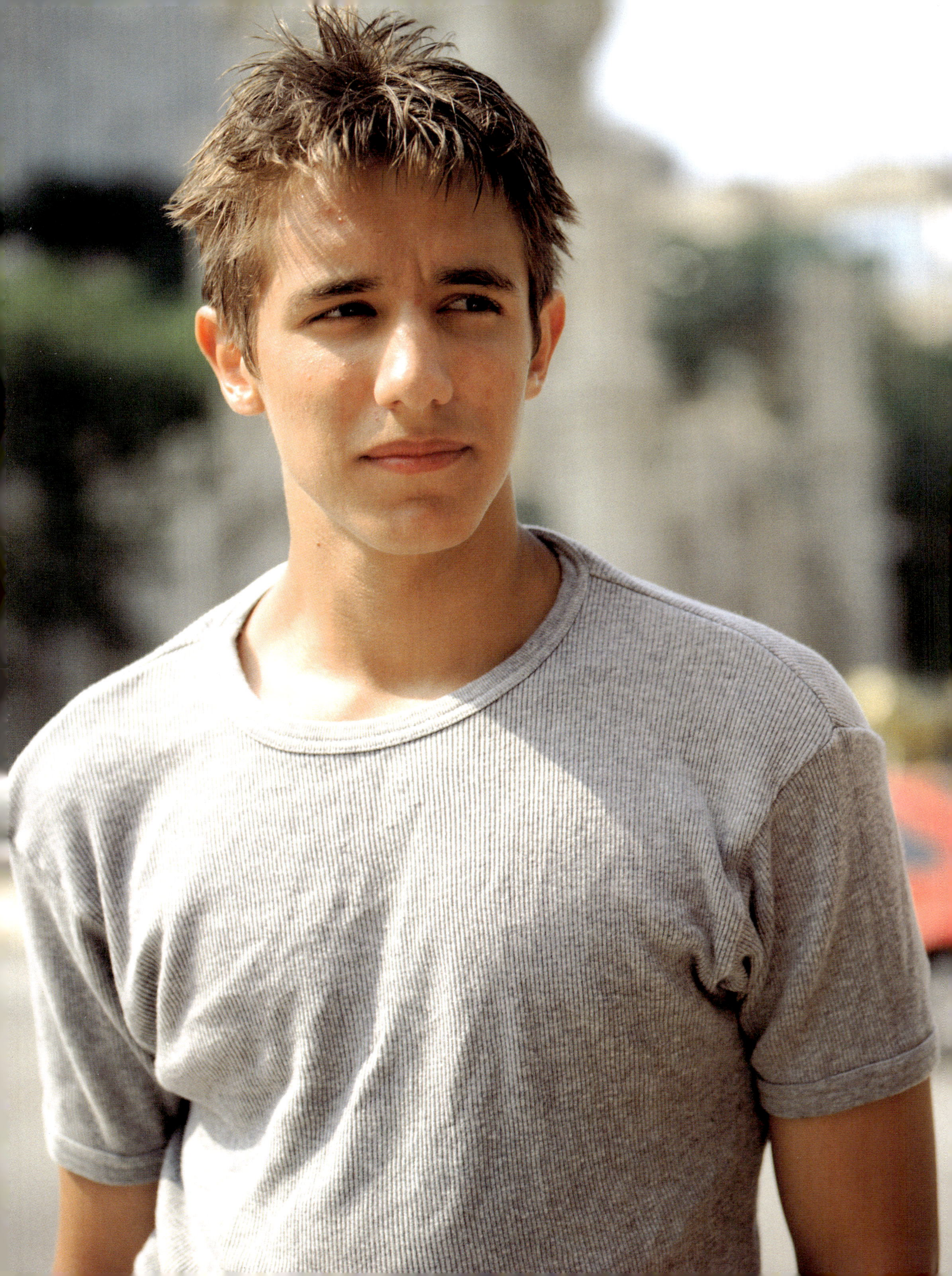

Un'intervista con Beat Streuli
Alessandra Pace

Alessandra Pace Finora hai posto il soggetto umano al centro della tua opera. Cosa trovi sul viso delle persone?

Beat Streuli È talmente evidente per tutti che il volto umano è la cosa più importante e più interessante da guardare, che mi è difficile dare una risposta precisa. Preferirei invece raccontare come trovo questi volti. Oggi, al mercato di Porta Palazzo, mentre osservavo la gente che passava per decidere a chi chiedere se potevo fotografarlo, mi sono chiesto nuovamente cos'è che mi spinge a scegliere una determinata persona tra le centinaia che passano, un attimo prima che scompaia di nuovo nella folla. È una decisione veloce e intuitiva, non premeditata. Non decido mai che mi servono, diciamo, dieci ragazzi e due adulti, perché la mia non è un'arte concettuale. Non voglio catalogare diversi tipi di persone, ma fare una scelta personale. Alcune facce mi attraggono più di altre, ma non saprei dire esattamente perché.

AP Fotografi spesso persone giovani. Ti interessano in particolare i visi puliti, dai lineamenti non marcati?

BS Non li definirei visi puliti e non marcati. Non sono facce perfette, sono semplicemente giovani, ma a volte hanno molto carattere e una forte espressione e nelle città si trovano dappertutto. E poi, la società è in generale ossessionata dal mito della giovinezza. L'adolescenza è un'età molto particolare e ricca; a volte mi chiedo per quale motivo si sostiene che le facce adulte dai lineamenti marcati siano a priori più interessanti. Quando vedo persone della mia età con una presenza altrettanto espressiva, sono ben felice di inserirle nel mio "album".

AP Ti interessa l'appartenenza sociale delle persone che fotografi? Hai scattato delle foto in Via Roma, la strada principale dei negozi dove è più facile trovare i "tipici" Torinesi, ma poi sei andato a fotografare anche al mercato di Porta Palazzo dove c'è una grande comunità di africani.

BS La mia esperienza a Torino non è in realtà molto diversa da quella di altre città. La mia è una situazione a metà, non sono un turista ma neppure un osservatore fisso e cerco di fotografare un luogo. Dopo qualche giorno ho capito che mi interessava mostrare due aspetti di Torino: da un lato il centro cittadino, con circa il 100% di popolazione italiana, e molti giovani vestiti e truccati secondo la moda metropolitana, dall'altro il mercato, con la sua folla etnicamente mista. Ho pensato che scegliendo dei volti appartenenti a questi due gruppi, che non rappresentano assolutamente la città, potevo mostrare due aspetti estremi interessanti. Ma, ovviamente, non mi interessa fotografare solo i singoli individui, voglio anche poter raccontare le impressioni che una città mi dà rispetto ad un'altra. Ma le differenze sono molto sottili e non vengono necessariamente riflesse dai gruppi sociali fotografati. E poi penso che sia altrettanto interessante mostrare anche le affinità esistenti tra diverse città e culture.

AP Sono comunque curiosa di vedere, quando avrai finito il lavoro, quale peso avrà la Torino etnica rispetto alla Torino tipica.

BS In realtà non è questa la cosa importante. Cerco soprattutto immagini di persone che possano costituire un soggetto unico e siano abbastanza espressive in sé, anche se gli aspetti sociali sono ugualmente presenti in qualche modo. Non cerco di dare

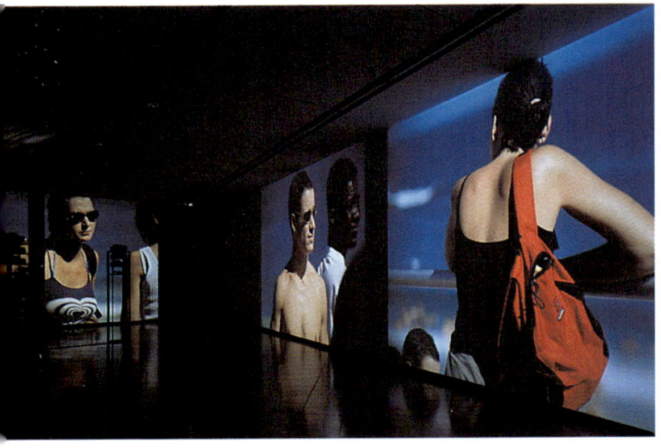

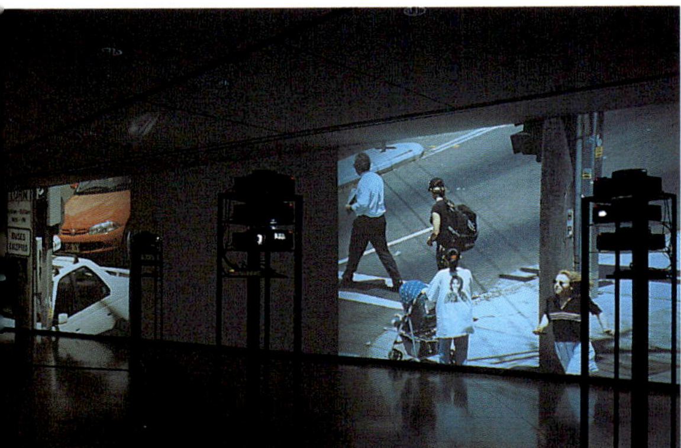

un'immagine di Torino come se fosse una città multiculturale, ma non voglio neppure escludere completamente questa realtà sociale. Se riesco ad evitare di cadere nell'una o nell'altra di queste categorie, allora per i visitatori sarà da un lato più facile e dall'altro più difficile guardare la mostra, perché dovranno osservare le immagini e le persone ritratte individualmente, e non leggerle come fossero un qualche tipo di dichiarazione.

AP Il tuo lavoro ha abbandonato le pratiche riduzioniste dell'arte minimalista e concettuale e ora si orienta piuttosto verso la ricerca del potenziale emotivo offerto dall'estetica. Una volta hai detto che vuoi "fare foto belle e grandi come un film". In che modo cerchi di coinvolgere l'osservatore attraverso la bellezza?

BS Un'installazione può essere bella perché è fatta di stampe e di colori belli e crea un ambiente ricco di stimoli per il visitatore, coinvolgendolo in modo più diretto rispetto ad un'arte più intellettuale. Do ai visitatori molte cose da guardare e molte immagini di persone tra le quali poter scegliere quella che attrae di più la loro attenzione. Trovo che si debba essere generosi, perché anch'io andando al cinema mi aspetto 90 minuti di intrattenimento intelligente. Se penso alle persone che fotografo, spesso ragazze piuttosto attraenti, non direi che siano in generale belle nel senso classico e scontato del termine. Hanno piuttosto quel "non so che" di particolare che le rende diverse, e quindi belle.

AP Dal punto di vista tecnico, come scatti una fotografia? Perché lavori con la luce del giorno e non in interni, o di notte?

BS È senz'altro più facile fotografare in una giornata di sole che ti permette di usare una pellicola a tempi lenti e a grana sottile che dona alle foto una carica sensuale e una densità che mi piacciono molto. Invece, quando il cielo è coperto la luce è piatta e dà poco contrasto, e le fotografie, per una qualche ragione, assumono un aspetto documentaristico. Ma io non mi considero un reporter. Mi attrae l'immagine in sé, più che la descrizione di una scena, e, comunque, tutte le immagini riproducono la realtà solo a metà, mentre il resto viene completato dalla nostra immaginazione. Lavorando in giornate splendide con una luce quasi cinematografica, si può giocare con i colori forti e i contrasti per ottenere una tridimensionalità che rende tutto più emozionante, quasi magico.

AP A volte trasformi le tue fotografie in manifesti giganti che poi vengono affissi negli spazi pubblici del centro come fossero cartelloni pubblicitari. Ma con una differenza: la pubblicità pretende sempre qualcosa dall'osservatore, lo invita a desiderare un prodotto per poi acquistarlo, mentre le tue immagini non sembrano richiedere nulla. La gente si trova davanti ad una foto che sembra pubblicità e che ne occupa gli spazi, e rimane interdetta quando scopre che essa non trasmette alcun "messaggio" commerciale. Questo metodo di lavoro fa pensare alle strategie concettuali basate sul linguaggio e usate negli anni Ottanta da artisti come Barbara Kruger e Jenny Holzer, anche se loro sostituivano la pubblicità con un messaggio sovversivo. Pensiamo all'enorme insegna luminosa di Jenny Holzer in Piccadilly Square a Londra, che avvertiva: "Diffida di ciò che desideri".

BS Le due artiste di cui parli, e che apprezzo molto, comunicano un messaggio molto più forte del mio. Quasi tutte le loro opere hanno un velato tono d'accusa e suscitano

Bondi Beach/Parramatta Road, 1998
proiezioni di diapositive/slide projections
4 x 6 m ciascuna/each
coll. Museum für Moderne Kunst, Frankfurt

una sensazione di disagio, fanno sì che ci si debba sentire preoccupati. Invece, il cartellone che ho realizzato per la Biennale di Sydney era composto di circa venti foto che avevo scelto perché mi piacevano. Mi sono chiesto: se andassi a visitare una mostra, quale delle mie immagini scattate a Sydney mi piacerebbe di più vedere? Alla fine, un terzo delle foto erano di Asiatici, cosa che probabilmente corrisponde alla varietà etnica che si osserva girando per le strade di Sydney — una percentuale che può sembrare sorprendentemente alta. Se anche "illustrare" questo fatto può assumere connotazioni politiche, ciò non è originariamente nelle mie intenzioni, ma può ugualmente suscitare riflessioni e discussioni. Credo che la gente abbia sempre bisogno di uno stimolo sensuale per riflettere davvero sulle cose, per agire o reagire. Questo è uno dei problemi causati dalla globalizzazione: siamo costretti ad affrontare le cose a un livello astratto che non fa parte della nostra esperienza quotidiana naturale, così la gente non si comporta tenendo conto dei contesti globali. La gente deve potersi emozionare o sentirsi ferita per arrivare a comprendere che c'è qualcosa di sbagliato o, a volte, di giusto.

AP Tu osservi le persone e trasponi la loro immagine dalla strada ad un posto di rilievo come il museo o gli spazi pubblicitari delle aree del centro, catturando così la loro attenzione e inducendoli a guardare immagini con cui si possono identificare. Quando rappresenti le persone in stile pubblicitario, senza chiedere loro nulla in cambio, non stai di fatto restituendo loro la loro stessa immagine, ingrandita e "nobilitata"?

BS Mi auguro che la mia arte funzioni in questo senso, anche se non è mai stata mia intenzione o idea. Voglio mostrare e suscitare emozioni. I miei simili mi affascinano e sono sicuro che il rispetto nei loro confronti è la base del mio lavoro. La mia installazione qui a Torino è anche più "benevola" di altre perché, in fin dei conti, qui è estate e, secondo me, l'estate, l'ottimismo, le sensazioni di benessere e la sensualità sono materiale sufficientemente buono da utilizzare in arte. Ma ciò spesso nell'arte contemporanea è quasi un tabù, diversamente che nel cinema, nella musica e nella letteratura.

AP Le tue fotografie hanno come sfondo gli spazi urbani del centro o le aree ricreative delle grandi città. Forse perché sono luoghi in cui trovi riunite insieme una varietà indistinta di persone e di gruppi d'età che non troveresti altrove?

BS Questi luoghi sono anche il palcoscenico dove si svolge la commedia o la tragedia umana. Penso che sia più facile guardare le cose ponendole su uno sfondo neutro, per questo motivo non fotografo quasi mai i sobborghi poveri dove i problemi sociali sono evidenti, perché un contesto problematico potrebbe ridurre il soggetto ritratto da persona a figura sociale. Le aree ricreative, invece, danno a tutti la possibilità di godersi qualche ora di paradiso gratis. Non ci sono video games, niente attrazioni particolari, e tutti si divertono in modo piuttosto tradizionale, quasi archetipico. Lo stesso vale, in parte, per le zone commerciali. Lì puoi vedere persone con uno stile di vita molto diverso dal tuo, oppure anche molto simile, e intuire una serie di possibilità, di modi diversi di vita: e ciò mi rende molto curioso, perché in fin dei conti abbiamo solo una vita e non possiamo sperimentare molte possibilità diverse. Questa curiosità è fondamentale per il mio lavoro. E così mi chiedo: come posso soddisfarla? Non essendo facile entrare nelle case della gente, cerco degli spazi pubblici dove posso farmi un'idea della loro vita personale. Mi piacerebbe molto fotografare la gente nella metropolitana, altro luogo dove si può osservare la gente a lungo, ma sono convinto che non è tecnicamente possibile scattare delle foto senza che la gente la prenda come una forma di intromissione aggressiva. Poi dovrei probabilmente usare il flash, una pellicola ad alta velocità, forse il bianco e nero, o qualche strumento di controllo digitale che conferirebbe alle fotografie una qualità documentaria. Sarebbe difficile non avvertire la mediazione della tecnica e quindi ricollegarsi all'esperienza reale. Invece, nelle mie immagini a colori ad alta definizione, le persone si possono percepire quasi come se fossero vicino a te. Mi è sempre piaciuto poter trasmettere, per quanto possibile, questo senso della realtà e riprodurlo nell'ambito dell'arte e della fotografia.

AP Forse anche la contemplazione ha un ruolo nella tua opera: in fin dei conti fissi delle immagini fuggevoli e ti concentri su alcune immagini scelte. La contemplazione permette di estrapolare un soggetto dal suo contesto e di concentrarsi su di esso. Inoltre, sublima l'oggetto, e rimanda ad un'idea del bello.

BS La parola contemplazione suona per me un po' troppo come meditazione, e ciò che faccio non è esattamente una sublimazione. Cerco di rapportarmi faccia a faccia alle situazioni, senza elevarle al sublime. D'altra parte è vero che ci sono diversi modi di utilizzare lo sguardo: si può fissare un oggetto oppure semplicemente coglierlo, prendendo atto di una situazione. Nel primo caso lo sguardo è molto più focalizzato, selettivo, intenzionale, nel secondo è più neutrale, si potrebbe quasi dire "democratico". Il mio modo di fotografare corrisponde piuttosto a questo secondo caso, in quanto cerco quasi di fotocopiare un'immagine del mondo esterno, dove tutti gli elementi hanno uguale importanza, tanto il primo piano quanto lo sfondo sfocato. Così offro all'osservatore un'immagine dove lo sguardo può vagare liberamente.

AP Vuoi allora dire che dare la stessa importanza al primo piano e allo sfondo stimola l'attenzione dell'osservatore?

BS Sì, così come quando si stampa una foto su grande formato è possibile individuare dei particolari che prima non si erano notati. In fondo, la capacità di coinvolgere attivamente l'osservatore è ciò che distingue la fotografia e le mostre d'arte dal cinema e dalla televisione.

AP È una critica implicita nei confronti delle tecnologie moderne?

BS Non sono mai stato molto critico nei confronti delle tecnologie moderne o degli sviluppi nel campo dei media, ma alcune di esse o l'estensione che ora hanno assunto cominciano a preoccuparmi. Apprezzo molto la capacità "vecchio stile" dell'arte di coinvolgere l'osservatore. Per ragioni simili, mi piace l'aspetto "low tech" di alcune delle mie installazioni come questa della GAM che sembra fatta con carta da parati e non dà l'impressione di essere un'opera costosa. Le fotografie grandi incorniciate non sono molto più costose da produrre dei poster, ma sembrano avere molto più pregio e creano una maggiore distanza rispetto al pubblico. I manifesti hanno un significato più immediato, più naturale e provvisorio, danno l'impressione di essere stati fatti per questa particolare situazione qui a Torino, non per l'eternità.

AP È la prima volta che esponi una serie di immagini di diverse città – quelle che hai scelto per la mostra qui alla GAM riguardano, oltre Torino, Yamaguchi in Giappone, Gerusalemme Est, Chicago e Enghien-Les-Bains vicino a Parigi – unificate dal mezzo scelto: il manifesto. Che effetto faranno queste sovrapposizioni secondo te?

BS Sono anch'io curioso di vedere queste serie di fotografie l'una vicina all'altra, di stabilire se presentano similitudini e differenze, e quali. Nella mostra si potrà andare da una serie di fotografie di una città ad un'altra, un po' come una World Expo in miniatura… Invece per il catalogo ho pensato di mescolare le foto lasciando in sospeso la provenienza delle singole immagini, per permettere così di avvicinarsi a questi materiali, tutti fotografati nei mesi estivi degli ultimi anni, in due modi diversi.

AP Ci sono altre fonti d'ispirazione per la tua mostra alla GAM?

BS Venendo a Torino non ho potuto fare a meno di pensare al romanzo *La bella estate* di Cesare Pavese, che pure si ambienta in estate a Torino. Il romanzo racconta la vita quotidiana di alcuni ragazzi, che di tanto in tanto si prestano come modelli per alcuni artisti più anziani di loro – l'autore aveva all'incirca la mia età quando lo scrisse. Ma la mia intenzione iniziale di fotografare, come nel romanzo, solamente adolescenti di oggi, "tipici italiani", in una sorta di omaggio a Pavese, non ha funzionato perché, quando ho visto il mercato con la sua moltitudine così variegata, ho pensato che non potevo del tutto escludere quest'aspetto dal progetto, anche se avessi mostrato solo alcune immagini.

AP La gente vista nel contesto urbano è stata finora protagonista della tua opera, ma di recente hai creato un'installazione di diapositive sul deserto australiano. Pensi che andrai avanti nell'esplorare il paesaggio?

BS Nel corso degli ultimi anni ho fotografato centinaia o migliaia di persone, raccogliendo un archivio di dimensioni pressoché globali. Le proiezioni delle diapositive sul deserto sono dovute anche all'esigenza di fotografare immagini quasi vuote, non popolate. Certo, non sono un fotografo di paesaggi, e quindi è stato possibile realizzare questo progetto solo sotto forma di "road movie". E, in effetti, si vede che il deserto è spesso fotografato da una macchina, a volte c'è la mia amica che guida, o una stazione di rifornimento. Questo genere cinematografico mi ha aiutato a focalizzare la bellezza del paesaggio. Le fotografie di Ayers Rock sono state riprodotte a migliaia sui calendari e sulle cartoline, e perciò, se ti limiti a riprendere l'immagine non potrai raccontare a nessuno la tua esperienza personale della bellezza di questo "monumento". Quindi anche qui ho cercato di far sì che la bellezza ritornasse nella fotografia. Man mano che proseguo nel mio lavoro sento di acquisire l'esperienza che mi permette di affrontare quasi ogni soggetto, evitando le insidie che potrebbero facilmente degenerare in clichés, diventando più consapevole di come le immagini funzionino e di come interagiscano quando appaiono in relazione con un luogo espositivo specifico, il modo di presentarlo, o altre immagini.

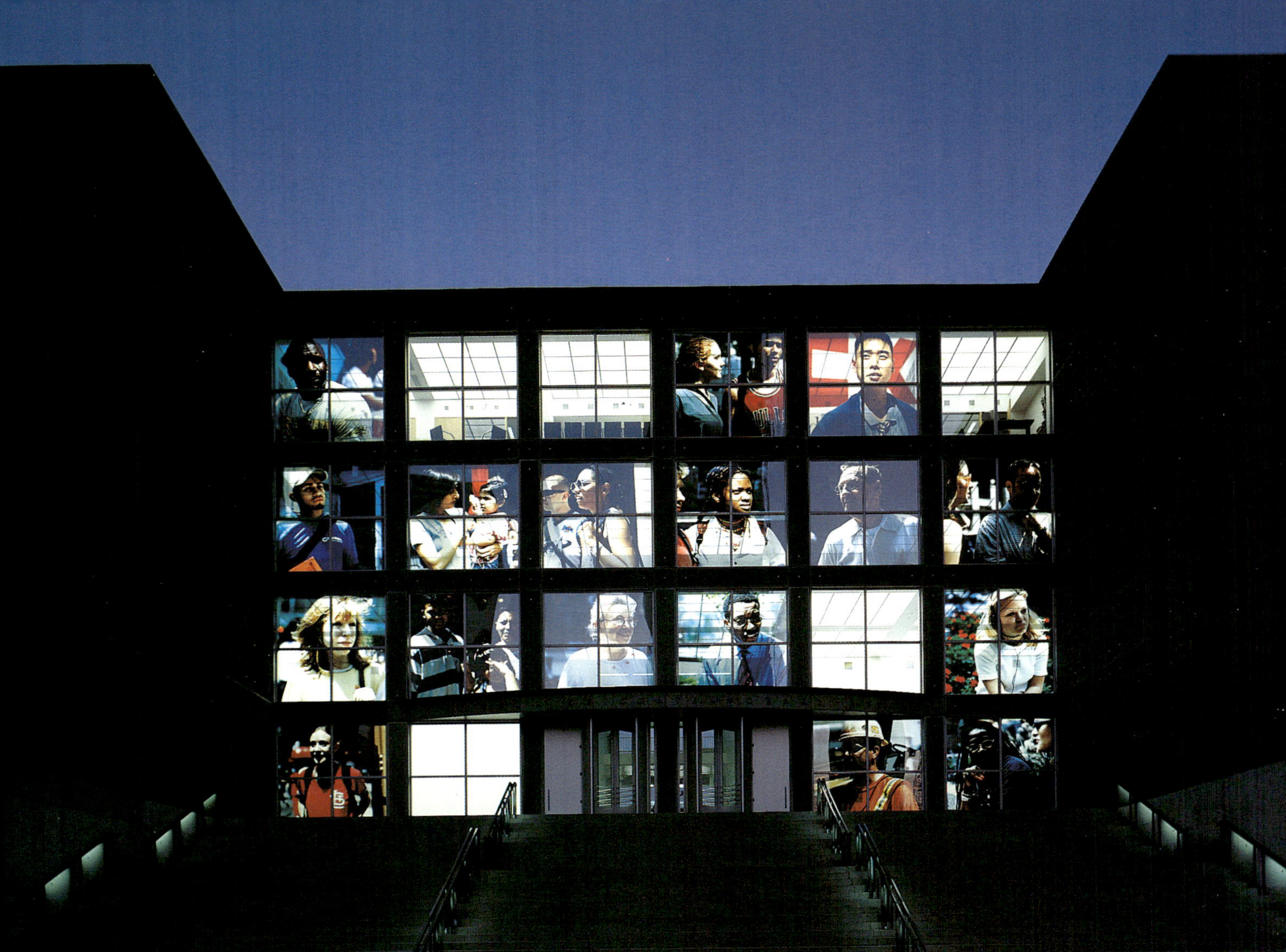

Chicago July 99, 1999
pellicole a colori/color transparencies
3 x 3 m ciascuna/each
coll. Museum of Contemporary Art, Chicago

Alessandra Pace Human beings have been the focus of your work until now. What do you find in people's faces?

Beat Streuli The human face is so obviously one of the most important and interesting "things" to look at for everyone and at all times, that I find it hard to answer this question more specifically. I'd rather talk about how I find these faces. Today, we were in the market area at Porta Palazzo, looking at all these people walking by and trying to decide whom to ask if we could photograph them. At one point I began to wonder once more what it is that actually makes me pick someone specific among the hundreds of people walking by, in the short moment before they vanish into the crowd again. It's a very quick and intuitive, not a premeditated decision, where I think I need, say, ten teenagers and a couple of older people, because my work is not conceptual in this sense. It does not catalogue different types of people, it involves a more personal choice: I am attracted to certain faces and I can't exactly say why myself.

AP You mostly depict young people, is there something particular about clean, unmarked faces that interests you?

BS I wouldn't call them clean and unmarked – they are not perfect, just young, and sometimes have great style and great expression, and they are all over the place in the city centres anyway. Besides, the whole of society is obsessed with youth. Adolescence is indeed a very special and precious age; sometimes I wonder what people mean when they say older, "marked" faces should be so much more interesting a priori. When I see people about my age with a similarly impressing presence, I am more than glad to include them in my "album".

AP Are you at all concerned about the status of the person you depict? You took shots in Via Roma, the main downtown shopping drag where you are more likely to find typical Turin inhabitants, but you also went to the market at Porta Palazzo, where there is a large African community, and took photographs there too.

BS My experience in Turin is actually not so different from that in other cities. I find myself in an in-between situation where I am not a tourist, but not a long time observer either, and I try to get a picture of a place. After a few days, it was obvious to me that I was interested in showing two sides of Turin: on one hand the city centre, with an almost 100% Italian population, a lot of young people typically dressed and made-up, in high-street fashion, and on the other hand, the market with its ethnically mixed crowd. I thought that by showing some people from these two groups, which are by no means representative of the city, I could present two interesting extremes. So, of course, my portraits are not only about individuals, and I do want to say something about the impressions of one city as opposed to another I've worked in. But the differences are very subtle and are not necessarily reflected by the social groups depicted. Besides, I think it is also just as interesting to show and think of similarities between different cities and cultures.

AP I'm all the same curious to see, once you've finished working, how much the "ethnic Turin" weighs in relation to the "typical" Turin.

BS In some ways that is not important, my work is much more about finding images of individual people, which can stand alone and are strong enough in themselves,

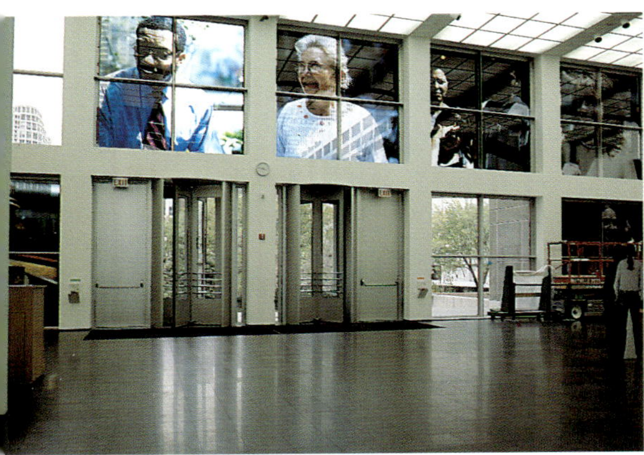

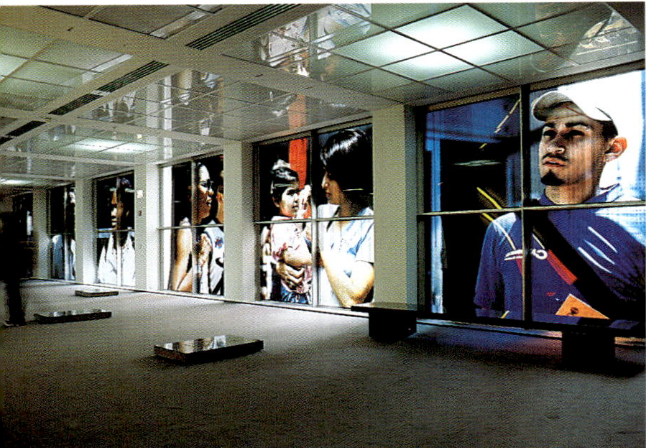

although the social aspects are present in some ways. I don't give an image of Turin pretending it is a "happy multicultural city", nor do I want to completely exclude this social reality. If I manage to avoid falling into both such categories, then I will succeed in making it easier, and at the same time more difficult for viewers to look at the exhibition, because they will have to look at the images themselves and the people they depict, and not read them as a statement of whatever kind.

AP Your work has moved away from the reductionist practices of minimal and conceptual art and evolves rather around a search for the emotional potential of aesthetics. You once said that you aim at "making pictures as big and beautiful as films". To what extent do you want to engage the viewer through beauty?

BS An installation can be beautiful because it is composed of beautiful prints and colours and creates a rich environment for the visitor, conveying something more directly than, say, more "intellectual" art. I give visitors lots of things to look at and lots of images of people among which to choose what attracts their attention the most. I am interested in a certain generosity – a bit like when I go to the movies I expect 90 minutes of intelligent entertainment. Regarding the often young and rather good looking people I photograph, I don't think they are particularly beautiful in a classical and obvious sense, they must rather have that "special something" which makes them different – and beautiful.

AP Technically speaking, how do you take a photograph? Why do you mostly work with daylight, as opposed to interior or night-light photographs?

BS It is of course technically easier to take photographs on a sunny day. Being able to use a low speed, fine grain film, the pictures gain a sensual quality and richness I like very much. When the weather is overcast you have flat light without much contrast and the photographs, for some reason, tend to look more documentary – and I don't see myself as a documentary photographer. I am more drawn to the image itself, rather than to the description of a scene and, anyway, an image only goes halfway towards representing reality, whereas our imagination, more or less, fills the other half.

In great, almost cinematic daylight situations, you can also play with strong colours and contrasts, conveying a three dimensional quality which makes everything more exciting and magical.

AP You sometimes turn your photographs into poster billboards, which you then hang in downtown public spaces as if they were advertisements. But there is something at odds: advertising always demands something of the viewer, to desire a product and possibly buy it, while your images don't seem to be asking for anything. The viewers are presented with a picture in the style and spaces normally reserved to advertising and are puzzled when they realise that the expected commercial "message" cannot be traced. This working method reminds one of the conceptual, language-based strategy used in the '80s by artists like Barbara Kruger and Jenny Holzer, although they substituted the advertisement with a subversive message, as in Jenny Holzer's huge billboard at Piccadilly Square in London which epitomised: "Beware of what you wish for".

BS The two artists you mention, and whose work I like very much, convey a much

Chicago July 99, 1999
pellicole a colori/color transparencies
3 x 3 m ciascuna/each
coll. Museum of Contemporary Art, Chicago

stronger message than I. In almost all of their work there is an accusing undertone and an uneasy feeling, you are made to be worrying about something. The billboard I did for the Sydney Biennale consisted of about twenty portraits, which I selected according to my liking: I thought, if I were to go and see an exhibition, which of all the images taken in Sydney would I like to look at most?

In the end, a third of the pictures were of Asian people, which is probably representative of the ethnic mix you see when you walk the streets of Sydney – a percentage that may seem surprisingly high. Although my "illustration" of this fact assumes possible political connotations, this is rather unintentional. This does not mean it will not cause debate and offer matter for reflection all the same. People, I believe, always need a sensual input to really think about something, to act or react. This is, in a way, one of the problems we have with globalisation, which we are forced to deal with on an abstract level, as it is not being part of our natural daily experience, so people don't act taking global contexts into consideration. People need to be directly touched or hurt in order to realise that there is something wrong – or even right, sometimes.

AP You observe people and transfer their image from the street to a prominent place, the museum or advertisement allotments in downtown areas, enticing them into looking at images they can identify with. By portraying people in an advertising-like manner, while not asking them for anything in return, aren't you in fact returning to them their own image, magnified and "dignified"?

BS I hope that's one of the ways in which my art works. I want to show and evoke emotions. I am fascinated by my fellow human beings and I am sure that my respect for them is the foundation of my work. The quality of my installation here in Turin might be even more "benign" because, after all, it is summer here and, in my opinion, summer, optimism, well being and sensuality are good enough material to be used in art. In contemporary art, this is sometimes almost a taboo, although it is not a taboo in film, music and literature.

AP The backgrounds you choose for your photographs are typically downtown or recreational areas in big cities. Is that because these provide a meeting point for a variety of people and age groups, which you wouldn't usually encounter all together in one place?

BS These areas are also a stage where the circus of human comedy or tragedy can take place. I think it is easier to look at things against a neutral background, and this is why I hardly ever take pictures in poor suburbs where the social problems are obvious, because in such surroundings people could become just figures reduced to their social role. Recreational areas, instead, provide free of charge a few hours of paradise for everybody. There are no video games, no particular attractions, but everybody enjoys himself in quite an old fashioned, almost archetypical way. Partly, you could say that of shopping areas too. You see people with very different lives from your own, and also people with lives similar to your own. To catch a sudden glimpse of a range of possibilities, life styles, makes me very curious, because after all, we only have one life and will not be able to experience many other possibilities. This curiosity is quite essential to my work. So my question is, where can I satisfy this curiosity? You cannot easily intrude into people's houses, so I look for public spaces where you can catch a glimpse of the personal aspects of people's lives. I'd love to take pictures of people in the subway, which is another place where you can look at people for quite a long time, only, I never thought it would be technically possible to take their pictures there without them feeling aggressively intruded upon. I might have to use a flash light, high speed film, maybe black and white, or some digital surveillance equipment which would all end up giving a documentary, media feeling to the photographs. It would be difficult not to sense the mediation of the technique and therefore difficult to reconnect to the actual experience, as opposed to my colour, high-definition images, in which you can almost feel the people because they seem to be so close to you. I have always liked to translate as much as possible of this feeling of reality and to reproduce it in the context of photography and art.

AP Perhaps contemplation also plays a role in your work: after all you freeze fleeting images and concentrate on a selection of them. Contemplation allows one to extrapolate the subject from its context and concentrate on it – it also sublimates the object and is usually linked with some sort of idea of beauty.

BS Contemplation to me sounds a bit too much like meditation, and sublimating is not exactly what I do either: I try to deal with situations on a one to one level, and not heighten them towards the sublime. But it's true, there are different ways of using our eyes. You can fix something or just take it in, acknowledging a situation. In the first case, one is much more focused, selective and intentional, in the second, one is more neutral, you could almost say "democratic". My way of taking pictures corresponds more to the second case, in that I try almost to photocopy an image from the outside world, with all parts equally important, the foreground as much as the blurred background. I am offering the viewer a surface where the eyes can wander around freely.

AP Would you then say that giving equal importance to background and foreground activates the viewer's attention?

BS Yes, and also when you print a picture in large format you will see details you had not noticed before. After all, the ability to actively involve the viewer is what distinguishes photography and art exhibitions from movies and TV.

AP Does this imply a criticism of modern technologies?

BS Though I've never been very critical of modern technology or media developments, now I am beginning to become a bit weary of some of it, and its pervasiveness. I do appreciate this "old-fashioned" quality art has. For similar reasons, I also like the "low-tech" aspect of some of my installations. My wallpaper installation here at the GAM does not give the feeling of expensive art. Large framed photographs may not be much more expensive to produce than these posters, but they look more precious and create a distance with the public. The posters have a more direct, casual and temporary connotation, they don't look as if they were made for eternity, but rather for this particular situation right here.

AP It is the first time you show a sampling of images from different cities – the ones you chose for the GAM include, besides Turin, Yamaguchi in Japan, East Jerusalem, Chicago, and Enghien-Les-Bains near Paris – unified by the media: the posters. What sort of effect are you expecting from these juxtapositions?

BS I am curious to see these series next to each other myself, and figure out whether there are differences and similarities, and if so, which ones exactly. In the exhibition, you will be able to move from one city series to another, a bit like a miniature world expo. For the catalogue instead, I have decided to mix the portraits in a way which creates uncertainty about the origin of each image, thus allowing to approach this material, all photographed in the summer months of the last few years, in two quite different ways.

AP Are there further elements of inspiration for your exhibition at the GAM?

BS Arriving in this city, I could not help thinking about Cesare Pavese's novel *La bella estate*, which also takes place in Turin in the summer. The book is about some teenagers' daily life – they are occasionally modelling for somewhat older painters – and the author was about my age when he wrote the book. But my initial intention, following the novel, to photograph exclusively contemporary, typically Italian adolescents in a kind of homage did not really work, because when I saw the market area with its more mixed crowd, I felt I could not exclude this side from the project completely, even if I were only to present a few images from there.

AP People in the context of cityscapes have been the subjects of your work so far, but recently you made a slide installation based on the Australian desert. Do you think you will explore landscape any further?

BS Over the last few years I've taken portraits of hundreds or thousands of people, which form an archive of almost global dimensions. So, with the desert projection, I quite simply felt the urge to take pictures, which were mostly empty, not populated. Of course, I am not a landscape photographer, so the project became possible because I realised it in the form of a "road movie"; in fact you can often see that the desert is photographed from a car, you occasionally see my friend driving, or gas stations. This is a cinematic genre, which helped me to focus on the beauty of the landscape. Thousands of pictures of Ayers Rock have been reproduced on calendars and post cards, so if you just repeat the image you will not be able to tell anyone about your experience of beauty in front of this monument. Here all the same, I was trying to allow beauty to come into the picture again. The longer I work, the more I feel that I am gaining the experience to engage with almost any topic, avoiding pitfalls which might easily end up in clichés, by becoming more conscious about how pictures function and how they interact when put in context with a specific exhibition site, a medium, or with other pictures.

Biografia

Biography

BEAT STREULI
Nato nel 1957 a Altdorf (Svizzera). Vive e lavora a
Düsseldorf.
Born 1957 in Altdorf (Switzerland). Lives and works
in Düsseldorf.

Mostre personali (selezione dal **1990**)
Solo exhibitions (selection since **1990**)

1990
Zürich, Helmhaus

1992
Paris, Galerie Anne de Villepoix
Düsseldorf, Galerie Conrads
Zürich, Galerie Walcheturm

1993
Luzern, Kunstmuseum (cat.)

1994
St. Gallen, Kunsthalle (cat.)
Milano, Galleria Monica de Cardenas
Bremen, Gesellschaft für aktuelle Kunst,
con/*with* Suzanne Lafont
Köln, Galerie Daniel Buchholz
Düsseldorf, Galerie Conrads

1995
Leipzig, Kunstverein Elsterpark
Marseille, Les Ateliers d'Artistes de la Ville
de Marseille (cat.)
Genève, Centre d'Art Contemporain /
attitudes
Zürich, Galerie Walcheturm
Stuttgart, Württembergischer Kunstverein
(cat.)
Dijon, Le Consortium (cat.)
Hamburg, Galerie Wilma Tolksdorf
Köln, Galerie Daniel Buchholz
Paris, Galerie Anne de Villepoix

1996
Wien, Museum in progress
New York, Janice Guy Gallery
Tarragona, Tinglado 2 (cat.)
Paris, ARC, Musée d'Art Moderne de la Ville
de Paris (cat.)
New York, The New York Kunsthalle,
con/*with* Adrian Schiess
Aachen, Neuer Aachener Kunstverein,
con/*with* Stefan Altenburger
San Francisco, Stephen Wirtz Gallery

1997
London, Tate Gallery
Düsseldorf, Galerie Conrads
København, Galerie Mikael Andersen

1998
Barcelona, Museu d'Art Contemporani
Paris, Galerie Anne de Villepoix
Leipzig, Galerie Dogenhaus
Zürich, Galerie Hauser & Wirth 2
Arles, Rencontres Internationales de la
Photographie (cat.)

Yamaguchi, Yamaguchi Prefecture Museum
Oldenburg, Kunstverein (cat.)
Köln, Jablonka Galerie

1999
Chicago, Museum of Contemporary Art
Düsseldorf, Kunsthalle (cat.)
Zürich, Kunsthalle (cat.)
Hannover, Sprengel Museum (cat.)
Düsseldorf, Galerie Conrads
Wien, Galerie Christian Meyer
Tokyo, Yumiko Chiba Associates (cat.)
Tokyo, Spiral Art Center
New York, Murray Guy Gallery
East Jerusalem, Al-Mamal Art Foundation
Bruxelles, Galerie Christian Drantmann
Tel Aviv, Dvir Gallery

2000
Amsterdam, Stedelijk Museum, con/*with*
Gabriele Basilico (cat.)
Lisbõa, Difusor d'Arte Módulo
Torino, Galleria Civica d'Arte Moderna e
Contemporanea (cat.)

Mostre collettive (selezione dal 1990)
Group exhibitions (selection since 1990)

1990
Clisson, FRAC Pays de la Loire, *Ateliers '90*
(cat.)
Paris, Galerie Anne de Villepoix, *Compositions*

1991
Düsseldorf, Galerie Conrads, *Kunst mit
Fotografie*
Paris, Galerie Anne de Villepoix, con/*with*
Kirsten Mosher e/*and* Sam Samore
Jouy-en-Josas, Fondation Cartier, *Artistes de
la Collection*
Paris, ARC, Musée d'Art Moderne de la Ville
de Paris, *Lieux communs, figures singulières*
(cat.)

1992
New York, Andrea Rosen Gallery
Frankfurt, Galerie Martina Detterer, *Another
Subjectivity*

1993
New York, Andrea Rosen Gallery
New York, Museum of Modern Art, *New
Photography*
New York, P.S. 1 Museum, *In their own image*
(cat.)
Bad Homburg, Dt. Leasing AG, *European
Photography Award* (cat.)
Rotterdam, Kunsthalle / Rotterdamse
Kunststichting, *Verwandtschaften* (cat.)
Düsseldorf, Galerie Conrads

1994
Paris, Galerie du Jour / agnès b., *La jeune
fille dans la ville* (cat.)
Rivoli, Castello di Rivoli, *soggetto-soggetto*
(cat.)
Bern, Kunsthalle, *et passim* (cat.)
Bruxelles, Fondation pour l'Architecture, *The
Act of Seeing (Urban Space)*

1995
Frankfurt, Museum für Moderne Kunst,
Szenenwechsel VIII
Wien, Wiener Secession, *How Is Everything?*
Malmö; Venezia; Torino, CAMPO (cat.)
Kwangju, Kwangju Biennal (cat.)
Esslingen, Galerie der Stadt Esslingen, *3. Int.
Foto-Triennale* (cat.)
London, 152c Bricklane, *Wild roses grow by
the roadside*
Glasgow, Fotofeis (cat.)

1996
Annandale-on-Hudson, NY, Bard College,
a/drift
Zürich, Kunsthaus, *Im Kunstlicht* (cat.)

København, Cityspace (cat.)
Frankfurt, Frankfurter Kunstverein, *Prospect*
(cat.)
London, Photographers' Gallery, *Never Walk
Alone*
Rochechouart, Musée départemental de
Rochechouart, *Propositions* (cat.)
New York, The Whitney Museum of American
Art, *Views from Abroad: European
Perspectives on American Art 2* (cat.)

1997
Johannesburg, Johannesburg Biennale (cat.)
Yokohama, Yokohama Museum of Art,
*Absolute Landscape: Between Illusion and
Reality* (cat.)
Tours, Ecole des Beaux Arts, *Students Tours*
Seattle, Henry Art Gallery, *Between Lantern
and Laser*
Amsterdam, Framed Area, Schiphol
Airport, *Travelers* (cat.)
Enghien-les-Bains, Biennale d'Art
Contemporain, *in situ*
Luxembourg, Casino Luxembourg - Forum d'art
contemporain, *The 90s: A Family of Man?*
(cat.)

1998
Sydney, Sydney Biennale, *Everyday* (cat.)
Antwerpen, MUHKA, *Identiteit* (cat.)
Zürich, Kunsthaus; Frankfurt, Schirn
Kunsthalle, *Freie Sicht aufs Mittelmeer* (cat.)
Enghien-les-Bains, Biennale d'Art
Contemporain, *in situ*
Helmond, Gemeentemuseum Helmond, *The
Global City*
London, Lotta Hammer Gallery, *Portraits*
Nantes, Musée des Beaux Arts, *Remix*
Köln, Kölnischer Kunstverein, *h:min:sec*

1999
Le Havre, Le Spot, Studio d'Art Contemporain,
People / Buchanan, Streuli, Wearing
Paris, Glassbox, *ailleurs 3*
Frankfurt, Museum für Moderne Kunst, *Bondi
Beach/Parramatta Road*

2000
Paris, Fondation Cartier, *Le Désert* (cat.)
Frankfurt, Museum für Moderne Kunst,
Szenenwechsel
Tokyo, Museum of Contemporary Art, *Gift of
Hope*
Berlin, Akademie der Künste, *Bleibe* (cat.)
Rivoli, Castello di Rivoli, *Quotidiana* (cat.)
Dundee, Dundee Contemporary Arts, *Moment*
Helsinki, The Finnish Photomuseum, *Some
Parts of this World* (cat.)
Bruxelles, Bruxelles 2000, *Portrait of
Inhabitants / Invitation à la Ville* (cat.)

Bibibliografia
selezione dal 1990
Bibliography
selection since 1990

MONOGRAFIE
MONOGRAPHS

Rom Paris Fotografien, Verlag Lars Müller, Baden 1990 (testo di/*text by* Jacqueline Burckhardt)
St. Jean / La Chancellerie (Châteauroux / Bourges 1992), La Caisse des Dépôts et Consignations, Paris / Editions ZYX, Orléans 1992 (testo di/*text by* Marie-Ange Brayer)
Projektionen und Fotografien NYC 91/93, Kunstmuseum Luzern, Verlag Lars Müller, Baden 1993 (testo di/*text by* Jean-François Chevrier)
Allen Street, Kunsthalle St. Gallen e/*and* Le Consortium, Dijon (Prix Montres Breguet d'Art Contemporain), St. Gallen / Genève 1994 (testo di/*text by* Jean-Christophe Ammann e/*and* intervista di/*interview by* Martine Béguin e/*and* Jean-Paul Felley)
Projections, Ateliers d'Artistes, Marseille 1995 (testo di/*text by* Jean-Christophe Royoux)
USA 95, Württembergischer Kunstverein, Edition Cantz, Stuttgart 1995 (testi di/*texts by* Martin Hentschel e/*and* Adrian Dannatt)
Portrait Tarragone, Copenhague 1996, ARC, Musée d'Art Moderne de la Ville de Paris / Paris Musées 1996 (testi di/*texts by* Ulrich Loock, Jean-Christophe Royoux, Laurence Bossé)
Retrats Tarragona 1996, Tinglado 2, Tarragona 1996 (intervista di/*interview by* Jorge Ribalta)
Marseille, Actes Sud, Arles 1999 (testo di/*text by* Catherine Grout)
CITY, Kunsthalle Düsseldorf e/*and* Kunsthalle Zürich / Edition Cantz, Ostfildern 1999 (testi di/*texts by* Rupert Pfab e/*and* Boris Groys)
Bondi Beach/Parramatta Road, Sprengel Museum, Hannover 1999 (testo di/*text by* Trevor Smith)
Art & Metropolis, Beat Streuli in Japan 1998-1999, Yumiko Chiba Associates, Tokyo 2000 (testo di/*text by* Catherine Grout)
Urban Views, con/*with* Gabriele Basilico, Stedelijk Museum, Amsterdam / NAi Uitgevers, Rotterdam 2000 (testo di/*text by* Hrispimé Visser, René Boomkens)

Cataloghi e testi per mostre collettive
Group exhibition catalogues and texts

Ateliers '90, FRAC Pays de la Loire, Clisson 1990 (testo di/*text by* Hans-Ulrich Obrist)
Lieux communs, figures singulières, ARC, Musée d'Art Moderne de la Ville de Paris, Paris 1991 (testo di/*text by* Jean-François Chevrier)
soggetto - soggetto, Castello di Rivoli, Rivoli 1994

Et passim, Kunsthalle, Bern 1994 (testi di/*texts by* Hans-Rudolf Reust e/*and* Ulrich Loock)
CAMPO, Fondazione Sandretto Re Rebaudengo per l'Arte, Torino 1995
Fotofeis, Int. Festival of Photography in Scotland, Edinburgh 1995
Beyond the Borders, Kwangju Biennial, Kwangju (Korea) 1995
Propositions, Musée Départemental de Rochechouart 1996 (testi di/*texts by* Jean-Christophe Royoux, Jean-Marc Prévost)
Prospect 96, Kunstverein / Schirn Kunsthalle (Edition Stemmle, Zürich), Frankfurt 1996
Another Act of Seeing (Urban Space), Moritz Küng (Hg.), DeSingel, Antwerpen 1997
Trade Routes, 2nd Johannesburg Biennale, Greater Johannesburg Metropolitan Council, Johannesburg 1997
Absolute Landscape, Contemporary Photography Between Illusion and Reality, Yokohama Museum of Art, Yokohama 1997 (testi di/*texts by* Taro Amano, Catherine Grout, Kuraishi Shino)
Every Day, Biennale of Sydney, Sydney 1998 (testo di/*text by* Simon Grant e altri/*and others*)
Un Nouveau Paysage Humain, Rencontres Internationales de la Photographie/Actes Sud, Arles 1998 (intervista di/*interview by* Bernard Millet)
Le Désert, Fondation Cartier pour l'Art Contemporain, Paris / Actes Sud, Arles 2000 (testi di/*texts by* Hélène Kelmachter, Beat Streuli)
Quotidiana, Castello di Rivoli, Rivoli 2000

inserto/*insert*, *Parkett*, Zürich, Nr. 25,
September 1990, S. 127-141
Jean-Christophe Royoux, "Beat Streuli,
Jacques Bouveresse" (intervista/*interview*),
Galeries Magazine, Paris, décembre 1993-
janvier 1994
Jean-Charles Masséra, "Beat Streuli,
Manières d'être / Ways of being", *art press*,
Paris, n. 19, décembre 1994
Jahresring, Jahrbuch für Moderne Kunst,
inserto/*insert* a cura di/*edited by* Christiane
Schneider, Edition Schreiber, Kulturkreis im
BDI, München, Nr. 41, Sunshine, 1994
Martine Béguin e/*and* Jean-Paul Felley, "Beat
Streuli" (intervista/*interview*), *PAKT*,
Bielefeld, Nr. 5, Januar-Februar 1995
Jérôme Sans, "Beat Streuli, Galerie Anne de
Villepoix, Paris", *Artforum*, New York, May
1995
Giorgio Verzotti, "A Flash… Then Night: Beat
Streuli's Photographs", *Artforum*, New York,
September 1995
Martin Schaub, "Die Schönheit in den
Bruchteilen", *Tages Anzeiger*, Zürich, 9-
10.09.1995
Adrian Dannatt, "Beat Streuli", *Flash Art
International*, Milano, n. 185, novembre-
dicembre 1995
Jean-Christophe Royoux, "Figuren, Pausen,
Haltungen", *Artis*, Bern, Nr. 2/48, Jahrgang,
Februar-März 1996
Alexander Braun, "Beat Streuli"
(intervista/*interview*), *Kunstforum*,
Ruppichteroth, Nr. 133, Februar-April 1996
Charles Hagen, "Beat Streuli", *The New York
Times*, New York, 22.03.1996
Eva Karcher, "Beat Streuli", *art*, Hamburg, Nr.
6,1996
Christian Kravagna, "Beat Streuli", *Springer*,
Wien, Band II, Heft 2, Juni-Juli 1996
Hervé Gauville, "A Paris, trois hommes tirent
à l'ARC", *Libération*, Paris, 29.07.1996
Michel Guèrin, "Le portrait photographique ou
'la ressemblance intime'", *Le Monde*,
Paris,18-19.08.1996
Robert Fleck, "Visitors", Museum in Progress
depliant/*folder*, Wien, November 1996
Johanna Hofleitner, "Öffentliche Bilder"
(intervista/*interview*), *Camera Austria*, Graz,
Nr. 57-58, April 1997
Rainald Schumacher, "Stop the train (Douglas,
Streuli, Nauman, Hill)", *Flash Art
International*, Milano, n. 194, maggio-giugno
1997
David Brittain, intervista/*interview*, *creative
camera*, London, August 1997
Jan Winkelmann, "Gestolen blikken",
Metropolis M, Utrecht, August-September
1997
Sean Rainbird, "Oxford Street", *ArtNow*, Tate
Gallery depliant/*folder*, London, September
1997
Gilda Williamson, "Beat Streuli. Tate Gallery",
Art Monthly, London, October 1997
David Bussel, "Beat Streuli. Tate Gallery,
London", *Frieze*, London, December 1997
James Hall, "Beat Streuli. Tate Gallery,
London", *Artforum*, New York, December 1997
Philippe Dagen, "Des clichés en passant", *Le
Monde*, Paris,10.07.1998
Alain Dister, "Beat Streuli", *L'Oeil*, Paris, n.
498, juillet-août 1998
Heinz Norbert Jocks, "Beat Streuli. Galerie
Jablonka, Köln", *Kunstforum*, Ruppichteroth,
Herbst 1998
Beat Streuli, "Symposion über Fotografie
XVIII", *Camera Austria*, Graz, Nr. 62-63, 1998
José Lebrero Stals, "Kartographie des
Anonymen"; Arthur C. Danto, "Beat Streulis
Gesamtkunstwerk"; Taro Amano, "'Character'
als Zeichen und Eigenart"; Trevor Smith,
"Arkadische Alltagsmomente", *Parkett*,
Zürich, Nr. 54, 1998-1999
Hiroyo Kaneko, "Snapshots", *Asahi Camera*,
Tokyo, March 1999
Osamu Kanemura, "Dialogue"
(intervista/*interview*), *déjà-vu bis*, Tokyo, No.
18, 25.05.99
Ludger Derenthal, "Pforten in die Unterwelt",
Frankfurter Allgemeine Zeitung, Frankfurt,
4.06.1999
Thomas Janzen, "Die bunte Monotonie des
Alltags", *Frankfurter Rundschau*, Frankfurt,
19.06.99
Angelika Affentranger-Kirchrath, "Mensch
unter Menschen", *Neue Zürcher Zeitung*,
Zürich, 9.09.1999
Staci Boris, intervista/*interview*, Museum of
Contemporary Art depliant/*folder*, Chicago,
October 1999
Hameorer (inserto/*insert*), Tel Aviv, No. 9,
Autumn 1999
Catherine Grout, "L'étonnement de voir",
Parachute, Montréal, n. 97, janvier-mars 2000

Finito di stampare nel mese di ottobre 2000 presso Tipografia Torinese, Grugliasco (To)